青春期**女孩**心理成长手册

王焕斌 杨秀娟◎编著

中国纺织出版社

内 容 提 要

青春期常被形容为"暴风雨"，这个时期的女孩阳光又迷茫、快乐又感伤，纤弱又坚强，成长给女孩带来了一系列困惑，需要有人为她们拨开迷雾，而这就是本书的写作目的。

本书是青春期女孩成长路上的心灵导师，本书从心理学的角度入手，帮助女孩梳理青春期的烦恼心事、解除内心的困惑，找到努力的方向，进而以乐观的心态、真实的本领去迎接未来的人生！

图书在版编目（CIP）数据

青春期女孩心理成长手册 / 王焕斌，杨秀娟编著.
--北京：中国纺织出版社，2019.11 （2020.2重印）
　　ISBN 978-7-5180-6041-2

Ⅰ.①青… Ⅱ.①王… ②杨… Ⅲ.①女性—青春期—心理健康—健康教育 Ⅳ.①G479

中国版本图书馆CIP数据核字（2019）第051892号

责任编辑：李 杨　　责任校对：江思飞　　责任印制：储志伟

中国纺织出版社出版发行
地址：北京市朝阳区百子湾东里A407号楼　邮政编码：100124
销售电话：010-67004422　传真：010-87155801
http：//www.c-textilep.com
E-mail：faxing@c-textilep.com
中国纺织出版社天猫旗舰店
官方微博http://weibo.com/2119887771
三河市延风印装有限公司印刷　各地新华书店经销
2019年11月第1版　2020年2月第2次印刷
开本：880×1230　1/32　印张：6.5
字数：173千字　定价：39.80元

前 言

　　十几岁的女孩们，这几年，你是否发现身体在一点点变化：胸前开始鼓起来、月经来潮、脸上冒痘……这些完全打乱了你从前的生活，但这还不是令你最烦恼的，更糟糕的是，你发现不知道如何与周围的男同学相处了，是哥们儿还是？男同学给你塞了一份情书让你手足无措，退回去吗，会不会太伤人了？为什么妈妈老是管着我，我快要窒息了！班上的好多女孩都开始穿紧身裤、打耳钉了，我要不要也这样打扮自己？好朋友最近放了学就去上网，我要不要也去？为什么现在功课这么多、好像怎么努力成绩都提高不上来？我压力好大……

　　的确，这就是女孩的青春期，青春期是女孩人生的第二个重要阶段，是一次新生。若干年后，女孩将会以成熟女人的姿态面对生活，但这需要一个过程，青春期是一扇门，是一扇走向成熟的门。但是，要跨过这个门槛，有付出，有汗水，有痛苦，有挣扎，但无论怎样，成长就是一个"羽化成蝶"的过程，是艰辛的。成人的世界和少年的世界是不同的，女孩要勇敢地打开这一扇门，"破茧成蝶"。每个青春期女孩都不要害怕，因为这就是成长。

青春期被称为"花季"，青春期的一切都是朝气蓬勃的；但青春期同样也被称为"雨季"，一不留神，青春期就会出现一些无法挽回的错误。女孩现在正处于学习的重要时期，伴随而来的是高强度的压力，而这些，都需要成人的疏导和引导，这就是我们编写本书的目的。

因此，这本书主要是从心理学角度、教育角度为女孩子提供一些成长必知的常识，里面包含了整个青春期的闺中秘事。阅读它，可以帮助女孩更清晰地了解青春期的神秘，从而帮助女孩梳理一些心事，树立自尊自爱自立自强的人生观。最后，女孩们，去经历吧，去感受吧，去战胜自己吧，去展现自己生命的美丽吧！

编著者

2018年12月

目录

第一章

青春期女孩，要理解父母和老师的爱

　　青春期到来后，很多女孩的身体开始飞速成长和发育，随之带来的，是她们思维上的完善，和男孩一样，女孩也开始思考自己、开始思考人生，同时，她们会面临很多不解与困惑。此时，渴望独立的她们本能地开始摆脱这些困惑，于是，她们叛逆、反抗父母与老师……其实，正确的处理之道是，既要据理力争，又要冷静应对。女孩应力争和父母之间保持良好的沟通，以避免彼此之间的关系变得疏远。

青春期女孩，请耐心听从父母的"唠叨"

有位中学女生在日记里这样写道：

"以前妈妈在我眼里好烦。我不是挑她的毛病，就是厌烦她的唠叨，不过妈妈从不骂我。记得小学五年级期末考试的前一个星期，妈妈每天都耐心地帮我复习课文内容。可我厌倦妈妈的多管闲事，在某天复习时，竟然在不知不觉中睡着了。过了不久，我从睡梦中醒来，刚想责怪妈妈为什么不叫醒我，却看到妈妈满脸汗水，在吃力地给我扇扇子，我刚到嘴边的话又咽了下去。后来，我在这次期末考试中得了第一名。当我捧着奖状回到家时，我看到妈妈布满皱纹的脸上露出了笑容。

"从此，妈妈更加重视我的学习，而我却自以为是，不要妈妈给我复习，还说自己能考好，不需要她操心。结果初中三年级的期中考试成绩一落千丈，从高峰掉到了深谷，只考了十二名。妈妈得知后更急了。

"她经常在晚上教育我，还说一定得听她的，我不听也得听，她给我灌输学习、做人方面有关的知识，比如，告诉我不要偷窃，上课积极回答问题……给我精神上带来了巨大的压力，这下子，我真的感觉妈妈更烦了。

　　"妈妈天天晚上像个老师一样，不是叮嘱我晚上不要踢被子，就是叫我在学习上多努力，或是警惕我在学习上怎么样、有退步了没有……'妈妈简直烦死了！'我常暗自叹道。

　　"但现在我长大了，懂事了。我时时会想起妈妈以前对我说的话，我知道妈妈的唠叨是一种爱，这爱使我改正了以前的缺点，得到了同学们的赞赏，得到了老师的表扬，为我的前途打开了一条理想的道路……我为有这样一个妈妈而感到自豪。妈妈，我爱你！"

　　每个青春期的女孩身体里都流淌着叛逆的血，都觉得父母很"唠叨"。父母总是在耳边说个没完没了的，一会儿对自己的穿着指指点点，一会儿不让自己看电视，一会儿让自己不要和什么人交朋友，甚至细化到吃什么对身体好。虽然父母是在关心她们，但是在孩子看来，有的时候真觉得这样很烦。有的女孩会对父母的"唠叨"不理睬，也有的女孩会顶撞父母，甚至跟父母争吵起来，她们总是打着"需要理解"的大旗为自己争取更多的自由的空间，希望父母可以少说一点，给自己片刻的安静。

　　但作为女儿的你是否想过，父母虽然是烦了点，话多了点，可是他们都是出于对孩子的关心，都是希望你在学习和生活中多做正确的决定、少走一些弯路，都是为了你能健康成长，毕竟他们是你的父母。对于他们的"唠叨"，作为子女的你也应该理解，而不是反感，为了不听父母的"唠叨"而和父母争吵、顶撞父母更是不成熟的做法。一个成熟的人，至少懂得尊重、理解周围的人。

因此，面对父母的"唠叨"，如果他们的话是正确的，你就应该听取，毕竟父母是过来人，很多事情比你有经验，看问题的眼光也比你长远。而如果他们的"唠叨"是不正确或者是片面的观点，你可以采取一个正确的、适当的方式和父母进行沟通。总之，你应当理解你的父母，即使不理解，也应该试着去理解他们，因为这时候的你已经应当有一份责任感，如果你连父母对你的真心尚无法公正地判断，总是误解他们的意图，那么，你就算不得一个孝顺的孩子。

所以，青春期的女孩应该记住：父母做什么，都是为了子女好，可怜天下父母心，你要理解，并努力证明自己，让父母放心，你的努力与父母的期望是一致的，你今天的努力是为自己走进社会积累知识资本。

如果和父母意见不一致，也可以劝父母停止"唠叨"，一家人坐下来交交心，要尊重父母，互相理解，心平气和地平等交流。要知道，和睦的家庭，是保证你提高学习效率的重要因素！

不要来惹我——女孩别用乱发脾气表达你的叛逆

这天，五年级某班又发生了吵架事件，其实，就是一件鸡毛蒜皮的事。

"你不知道，她有多差劲，小心眼、成绩差、长相差，甚至是身材也差，唉，估计学校都没人喜欢她。"一群女孩子在讨论韩剧里的一个演员，说话的女孩叫中美，酷爱校园题材韩剧。

"你说谁差劲呢，你也好不到哪里去，一天除了研究那些无聊的韩剧，你还会做什么？"路过的书琴刚好听到那些话，她和中美的关系一直不好，以为中美在说自己，于是，她不分青红皂白地展开了言语攻击。

"韩剧怎么无聊了？你不知道每天有多少人在看，估计你妈也天天看，你品位低下，也别说别人。"中美自然不肯忍让。

"你为什么扯到我妈妈，你有没有道德？"

于是，就这样，两人你一句我一句地吵起来了，要不是同学们劝架劝得快，估计两人还要打架。

青春期是一个负重期，对于青春期来说，至少面临着三方面的压力和挑战：

一方面，身体正在急剧发育，使她们积蓄了大量能量，容易过度兴奋；

另一方面，学习上的任务很重，面对激烈的竞争，心理压力普遍比较大；

更重要的是，随着年龄的增长，她们渴望对外部社会有更多的了解；她们的人际交往也逐渐增多，各种各样的信息纷至沓来，这就使她们需要处理的问题越来越多、越来越复杂。每个青春期女孩的血液里都流淌着亢奋的血液，青春期的她们把什么都挂在脸上，不像成年人那样善于控制或掩饰自己，常常喜怒皆形于色。在与人交往的过程中，一旦产生矛盾，很容易爆发，这就是为什么很多青春期的女孩总爱发火。

美国的一位心理专家说："我们的恼怒有80%是自己造成的。"而他把防止激动的方法归结为这样的话："请冷静下来！要承认生活是不公正的。任何人都不是完美的。任何事情都不会按计划进行。"

所以，青春期女孩要告诉自己"发火前长嘘三口气"，事实上，很多事情都没有想象得那么严重。如果不学着控制自己的情绪，任着性子大发脾气，不仅解决不了问题，还会伤了和气。

那么，女孩该怎样抑制自己发火呢？

1.积极的语言暗示

达尔文说过："人要是发脾气就等于在人类进步的阶梯上倒退了一步。愤怒是以愚蠢开始，以后悔告终。"女孩千万不要让自己变成情绪的奴隶。

女孩要想控制自己、不发脾气，首先，要学会鼓励自己、用语言暗示自己，语言是人类特有的高级心理活动，语言暗示对人的心理乃至行为都有着奇妙的作用。青春期的女孩们，当你感到心中十分压抑或者心中有一团无名火，想要冲对方发火的时候，可以通过语言的暗示作用，将自己想发火的情绪压下去，继而调整和放松心理上的紧张。你可以用语言来暗示自

己："别做蠢事，发怒是无能的表现。发怒既伤自己，又伤别人，还于事无补。"这样的自我提醒，会使心情平静一些。

2.正确的发泄途径

当你生气和愤怒时，并不是说要将火气闷在心里，长时间的压抑对身心都有害，而是要选择正确的发泄途径。在发泄前，你一定要考虑自己的发泄方式是否会伤害别人，是否会影响到你与其他人的关系。你可以选择体力上的发泄：你可以到空旷的地方去大喊几声，也可以进行比较剧烈的体育活动，如跑两圈、游泳等。

另外，你可以选择哭泣的发泄方式。在过度痛苦和悲伤时，哭也不失为一种排解不良情绪的有效办法。流眼泪并非懦弱的表现，哭是人类最正常的本能，哭能将心中很多的不快宣泄出去，可以释放能量，调整机体平衡。你在哭的时候，不妨请自己的亲人或者最可靠的朋友陪在身边。大哭一场后，痛苦和悲伤的情绪就减少了许多，心情也会痛快多了。所以，女孩你该哭当哭、该笑当笑，但要把握好一个度，否则会走向反面。

3.学会情绪对比

你要告诉自己，作为一个女孩，自己若发脾气，会有失形象。对此，当你生气的时候，不妨照一照镜子，看看自己暴怒的脸有多丑，因此不如笑笑，你笑，镜中也笑，苦中作它几次乐，怨恨、愁苦、恼怒也就没有了。

4.创造欢乐法

心情不好、心理压抑的人，看周围一切都是暗淡的，看到高兴的事也笑不起来。这时候，如果想办法让自己高兴起来、笑起来，一切烦恼就会被丢到九霄云外。因此，当你想发脾气的时候，不妨多想想那些开心的事，这样，也就能将这种坏情绪压下去了。

总之，青春期的女孩们，与人交往，要懂得谦让，发火会伤害他人，也会伤害自己，学会梳理自己的心情，才能以健康、积极的心态和饱满的情绪与人交往！

我就是要和你唱反调——女孩别总是和父母对着干

很多青春期女孩都喜欢和父母唱反调，但作为女儿的你是否想过，父母虽然唠叨了点，可是他们都是出于对孩子的关心，对于他们的唠叨，作为子女的你应该理解，为他们着想，然后采取一个正确的、适当的方式和父母进行沟通。你应当理解他们，即使不理解也应该试着去理解他们，因为这时候你已经需要一份责任感，如果你连父母对你的真心尚无法去公正的判断，而误解了他们的意图，这是缺乏孝心的表现。那么，你该怎样和父母相处呢？

1.和父母做朋友

其实，你不妨和父母做朋友，不要总是羡慕别人有开明的父母，要和父母交朋友并不是一件难事。

想和父母做朋友，首先要做的就是把自己的心态调整一

下。或许在你内心当中，父母就是父母，是你的领导，其实不然，只是你平时很少跟家人沟通，彼此间缺乏了解，所以你会觉得有点陌生，导致不敢和父母沟通。放开自己的心，不管如何，父母始终还是父母，再怎么样也不会伤害你，如果对自己没有信心，可以先找一些无聊的事情和父母说一下，比方说今天天气很好、心情也好等，观察一下父母的态度再决定是否要和父母说。最关键的一点是，你要先把自己的想法改变一下。

实践证明，父母儿女之间选择做朋友更能促进家庭关系的融洽，也更能达到青春期女孩健康成长的目的！

2.多沟通

当你和父母的意见产生分歧时，你要尽量控制好自己的情绪，不激化矛盾，试着换位思考。有些时候，我们的父母处理事情的方式的确不太正确，但从父母的角度考虑，你就会发现他们这些做法的一切出发点都是为了你好，在这世上，只有父母对儿女的关心帮助是不求任何回报的，想到这些，自然也就能理解父母了。

3.用行动告诉父母你长大了

再者，你要在行动上证明，你已经能独立生活和思考，让父母发现你长大了，这样，他们也就能放开双手，让你独立行走，并愿意以朋友的身份平等地和你交流想法。

所以，青春期的女孩们，你今天的努力是为自己走进社会积累知识资本，你的努力与父母的期望是一致的。

为什么大家都要取笑我——青春期女孩别敏感自卑

王女士是个心宽体胖的女性，虽然她比较胖，可是她自信、开朗、人缘关系很好，大家都愿意和她来往。现在，她想起当年那些嘲笑自己的小伙伴时，总是一笑而过。

可是最近，王女士仿佛又看到了当年那些场景：有一天，下班后，她来学校接女儿，就在学校墙角那里，她看到一群男生在欺负女儿。

"小胖妹，又矮又胖，将来嫁不出去咯。"

"这么胖，也跟人家一样穿紧身牛仔裤啊，真难看。"

"我见过她妈，哈哈，他们全家都是胖子啊。"

......

听到这些后，王女士的女儿真的生气了，她捡起地上的木棍，朝这些男生打过去。看到这一幕，王女士赶紧走过去，准备拉女儿走开，但没想到女儿对她说："都是你的错，把我生这么胖，我才被同学们笑话！你滚开！"女儿发脾气的样子，真的让王女士震惊。

"难道是我错了，我以为女儿和我一样自信，这个咆哮的女孩子真的是我的女儿吗？"

事实上，和王女士的女儿一样，很多青春期的女孩的心里都住着一个魔鬼——自卑。通常来说，我们都认为，那些自卑胆小的女孩会更温顺、更听话，但事实上往往相反。每个青春期的女

孩都是敏感的，那些自信、情绪外显的女孩，她们更善于抒发内心的情感，因而懂得自我排解不良情绪；而那些自卑、内向的女孩，她们会把内心的不快郁结在心中，当她们的自卑处被挖掘出来的时候，她们的脾气就会爆发出来，甚至一反常态。

青春期女孩大部分时间都生活在集体中，自然很容易拿自己和周围的朋友、同学相比，当自己的某一方面不如他们的时候，自卑感油然而生。她们往往会把这种不如人的想法积压在心中，甚至不愿意与朋友、同学相处。因此，她们通常很敏感，抱有很大的戒心和敌意，不信任别人，一点也惹不起，芝麻绿豆大的小事也会引发一场轩然大波。

那么，到底是什么使青春期的女孩自卑、敏感呢？

1.学习成绩不如人

有些女孩因学习成绩差而过分自卑，对自己没有信心，经常为自己的成绩或其他方面的不足而苦恼。她们心理脆弱，有时会因此而离家出走，甚至会产生轻生的念头，尤其是在考试前后、作业太多或学习遇到挫折的时候。

2.家庭条件不如人

有些女孩，家庭条件不好或者来自单亲、离异家庭，她们认为自己矮人一截，生怕被同学、朋友笑话，时间一长，自卑心理也就产生了。

3.身体缺陷

其实，每个女孩身上都有无法代替的优点和潜能，你需要自我发现并发挥出来，如此，你就能自信起来，以下是一些方法：

想一想：对于挫折，你要换个角度来想，挫折和失败是对人的意志、决心和勇气的锻炼。人是在经过了千锤百炼后才成熟起来的，重要的是汲取教训，不犯或少犯重复性的错误。

比一比：与同学、好友相比，这没错，但不能只看到自己的缺点和不如人的地方，你要这样想：我虽说比上不足，但比下有余。及时调整心态，以保持心理平衡。不因小败而失去信心，不因小挫折而伤掉锐气。

走一走：到野外郊游，到深山大川走走，散散心，极目绿野，回归自然，荡涤一下胸中的烦恼，清理一下浑浊的思绪，净化一下心灵的尘埃，换回失去的理智和信心。

的确，青春期的女孩们，如果你总是用消极的心态对待一切事情，那不但什么事情都做不好，还会使自己产生无能、绝望的情绪。所以，在日常的生活中，你应该遇事多向积极的方面考虑、用乐观的心态看待一切事情。当你拥有积极的心态后，往往就能很自然地保持积极的自我情感体验了。

我就是很反感老师的管教——别曲解老师对你的爱

严先生五年前就离婚了，那时候，他的女儿小雅才八岁，而

转眼，女儿已经上初二了，人们都说单亲家庭的孩子难管教，严先生现在才知道。而严先生最担心的是小雅的学习，因为小雅严重偏科，通常来说，小雅在语文和英语这两门课上都能考到高分甚至经常拿第一名，但数学则一窍不通。即使严先生经常告诉小雅："学好数理化，走遍天下都不怕。"小雅对数学还是提不起兴趣。后来，严先生通过了解才知道，小雅最讨厌班上的数学老师，只因为半年前数学老师对女儿的一次管教。

那天，严先生急急忙忙下班，到家后就开始做饭，稍后，女儿回来了。一进门后，女儿就把书包重重地摔在桌子上，严先生不解："怎么了，这么大脾气？"

"没事，做你的饭吧，我不吃了。"说完，女儿又拿着书包回了房间。

晚上，无论严先生怎么哄，女儿都不肯吃饭。

严先生这才想起来，自打那次之后，女儿好像就不怎么做数学题、看数学书了。

可能很多青春期的女孩都被老师管教过，大部分的原因不外乎上课不听讲、打架、考试成绩差等，但这个年龄段的女孩一般都不服老师的管教，这也就是为什么小雅会因此大发脾气。

那么，青春期的女孩为什么不服老师的管教呢？

1.青春期孩子的逆反心理

在青春期到来之后，女孩生理的变化也带来激烈的心理震荡。当她们把目光从外部世界转向内部世界以后，发现自己

已不是原先的"我"了，儿童时代的"我"变成了一个全新的"我"。她们发现不但身体不是"我的"，就连个性也不是"我的"，而是父母、老师和其他人造就的。于是她们生气了。随之便与原来的"我"决裂，要求摆脱家长和老师的束缚，要求独立、自主，从原先的一切依赖中挣脱出来，寻求真正的自我，独立意识空前强烈。因此，如果老师管教她们，她们就会觉得又做回原先的"我"了，于是，她们急于发泄自己。

2.老师"不恰当"的管教

这里的"不恰当"，一般指的是老师对学生的误解，比如，误认为她偷了东西等。

另外，很多中学老师还沿用对待小学生的"保姆式"的管教方式，而很明显，青春期的女孩渴望独立，很容易对老师的这种教育方法产生反感情绪。

3.繁重的课业负担

青春期的女孩一般都已经进入中学，中学的学习强度要远远高于小学。课程增加、科目众多、难度增大、课时加长、作业增多，如果跟不上这种强度的变化，也会让女孩对老师产生逆反心理，进而不服老师的管教。

学习是女孩生活中最主要也是最重要的部分，但如果女孩子不服老师的管教，甚至出现一些负面情绪，那么，很可能会导致其对学习产生厌烦情绪，甚至厌学等。

其实，每个女孩都希望能成为老师眼中的优秀者，希望老

师喜欢自己；而在学校里，师生之间的人际关系和谐、友好、亲密，能使师生团结合作，提高教育活动的效果，因此，那些对抗也只是表面的，她们仍然希望得到教师的关心理解与爱。那么，青春期的女孩们，该怎样努力取得老师的支持呢？

1.尊敬老师

尊敬师长，是每个学生必须做到的。老师辛勤地工作，希望每个学生都能成人成才，但教师也是人，难免有缺点、有错误，如果因为教师工作中有缺点、有错误就不尊敬，那是不对的。女孩们，你应该体谅老师的苦心，更要尊敬老师。有了尊敬，才能建立良好的师生感情。

2.努力学习，用成绩回报老师

老师都希望每个学生都取得好成绩，因此，对那些学习用功、成绩优异的学生，老师总是格外关注，因为他们是老师教学成果的最好证明。因此，要想获得老师支持，成绩是最好的武器，学习成绩的上升，会让老师看到你的努力，如此一来，老师自然会喜欢你。

3.主动关心老师

在某个节日的时候，你可以精心地制作一个礼物，并写上你想对老师说的话。比如，在给班主任老师的贺卡上写道："亲爱的老师：这一年来给您添麻烦了，感谢您的辛勤培育。在新的一年里，我打算把各科成绩都提高一个层次，请您继续关注我，帮我一把，好吗？"相信，任何一个老师看了这张贺卡，都会被你的上进心所打动的。

说一句顶撞十句——叛逆期女孩别总是顶撞父母

某心理医生遇到一位母亲，这位母亲苦恼地说，自己的孩子过了这个暑假就念初三了，可不知怎么回事，从这个暑假一开始，就感到女儿好像变了一个人，平时要么一个人闷在房间里上网、玩游戏，要么就是对家长不理不睬。更奇怪的是，前两天她和爱人想跟女儿好好沟通一下，谁知没说几句话，女儿就顶撞说："我就是不知好歹、不可理喻。"还用电脑打印了"请勿打扰"几个字贴在自己的房间门上，气得夫妻俩无话可说。

实际上，生活中，还有一些青春期的女孩，比案例中的这个女孩更为逆反。她们原是父母眼中听话的好女孩，但是随着青春期的到来，她们开始关上心门，也基本上不和父母沟通，父母说一句，她们就顶十句，而且，无论怎么样，她们总觉得自己是对的。而作为过来人的父母，自然更有"发言权"，于是，很多父母为了更正女儿的观点而极力发表自己的观点。如果双方始终坚持自己的立场，那么，极容易形成一种对立的关系。

那么，青春期的女孩为什么会如此逆反呢？

青春期的女孩之所以产生叛逆心理，是有以下三个方面的原因的：

第一，青春期到来后，女孩的身体开始快速生长和发育，由此带来了心理上的变化。第二性征的出现给她们的心理造成了一些冲击，她们往往会对此感到不知所措，因此，她们便产生了浮躁心理与对抗情绪。

第二，除了身体上的发育趋于成熟外，青春期女孩还渴望独立，希望周围的人把自己看成个成年人，因此在面对问题时常常呈现一种幼稚的独立性，并未成熟的她们还处在反抗期内。

第三，自我意识的增强、社会上各种新奇事物的冲击也让女孩对很多东西产生兴趣，于是，她们要通过表现个性、追逐时尚等方式来满足好奇心。

另外，还有很多其他因素，比如，社会和家庭教育的不足，也成为女孩叛逆的源头。此外，女孩如今面临的各种压力，比如就业压力、学习压力以及生活中的无聊情绪等，也是叛逆心理产生的"沃土"。

的确，青春期的女孩是叛逆的，她们觉得谁都不了解自己，很多事宁愿找个陌生人说，也不想问询自己的父母，因为父母常常摆着一副家长的架子。而如果你想在青春期和父母有一定沟通、交流，应该自己主动点，学会向父母示弱。示弱是实现平等沟通的前提。

具体来说，你应该做到：

1.你可以告诉父母你已经长大了，有一定的担当能力

你应告诉父母，你已经是一个完整的、独立的个体，而不

是小时候那个可爱的小孩子了，虽然你还处在成长的阶段，但已经具备了一定的解决问题的能力。向父母表明你的想法，一般来说，他们会接受的。

2.参与家庭计划

你已经不是个小孩子了，长大意味着责任，你可以主动向父母要求参与家庭计划，如果你能给出合理的建议，父母一定会看到你的能力。

3.遇到难题时，询问父母的意见

慢慢长大的你一定会遭遇青春期，一定会遇到很多棘手的问题，向父母咨询，不但能帮你解决问题，还能加深和父母之间的感情。

4.学会理解父母的情绪

有时候，父母难免会遇到一些工作和生活上的烦恼，可能会对你发泄不良情绪，作为女儿的你，要学会理解他们，切忌火上浇油、自乱阵脚。当父母受到委屈的时候，你也可以给他们安慰，给他们鼓励，在和谐的交流中，他们也会看到你的成长。

的确，青春期的你渴望倾诉，渴望得到父母的理解，但你也应该向父母敞开心扉，真正把他们当朋友，真正实现平等沟通。

第二章

多变的青春期，女孩注意心理健康

女孩到了青春期，伴随着身体的迅速变化，她们有了很多自己的想法，一旦想不通，就会走入死胡同，产生困扰、自卑、不安、焦虑等心理卫生问题，甚至引发不良行为。每个女孩都要清楚的是，无论遇到什么问题都一定要说出来，有心事闷在心里对于身心发展都是不利的，善于与周围的人沟通，才是解决青春期心理问题的正确方法。

个性穿着，不一定要奇装异服

莉莉今年14岁，她就和自己的名字一样不起眼，甚至，有时候，莉莉会怨恨自己的父母，为什么给自己取一个这么俗的名字。但莉莉也有别人比不上的优点，那就是被人称为"时尚达人"，当然，这也是班上同学"抬举"她。莉莉最喜欢一些中性风格的明星，她是李宇春的"铁杆玉米"，自从上了初中以后，莉莉就剪了自己的长发，开始走自己的中性路线，当然，她不想被人称为李宇春的翻版，所以，她的打扮更有个性。

又是一个星期天，莉莉爸爸妈妈都出门了，这下子，莉莉就听不到爸妈在自己耳边啰唆、对自己的穿着指指点点了。

一双军靴，一条超短牛仔裤，一件露肩马夹，再加上一顶鸭舌帽，莉莉穿上这些以后，觉得自己酷毙了，稍后，她还戴上自己刚买的耳钉。为了炫耀一下自己的装扮，莉莉第一个跑来找好朋友飞飞。莉莉在飞飞跟前转了一圈，问："好看吗，我这身，酷不酷？"

"太酷了，简直是酷毙了！你知道，莉莉，我们班很多女生都以你为榜样呢，你引领了我们班的时尚潮流。只可惜，我的衣服都是妈妈买，哪敢这么穿？"

"怎么不敢，我们都是大人了，穿衣服就要个性。"

她们的谈话被飞飞妈妈听到了，她不得不更正一下莉莉的观点："你们虽然是在慢慢长大，但穿着打扮必须符合自己的年龄，另外，个性，也不一定非要奇装异服呀！我知道，你们这个年纪，都希望自己引人注目，但什么是真正的个性，你们知道吗？怎样穿才合适，恐怕你们也不知道。"

"阿姨，我倒想听听您的意见，什么才是我们这个年纪该穿的？"

随着时代的发展，物质生活水平的提高和价值观的多元化，跟上"时尚"与"潮流"的步伐已经不是成年人的专属，很多未成年的青春期少年，尤其是女孩，也纷纷把追逐时尚作为重要的生活内容。

如今在街上，到处能看到一些"奇装异服"的女孩，有些女孩还只是初中生，刚刚进入青春期。青春期的女孩已渐渐发育，并开始注重自己的外貌和装扮。这些青春期女孩的一大特点就是喜欢一些惹眼的装扮，让人一眼就能从人群中分辨出来。

那是什么原因让她们这样打扮自己的呢？可能有以下几个原因。

1.审美偏差

一般来说，作为学生的女孩，正处于成长期，身体发育尚未成熟，其穿着打扮还是应以朴素、自然、大方、舒适为原则。但是，很多青春期女孩，由于审美信息渠道的狭窄以及对

成人世界的推崇，她们认为，成人的穿着才是美的，因此刻意地追赶潮流，有的甚至追求"奇装异服"。一方面，她们很想以此证明自己不再是一个孩子，希望自己更快地融入社会；另一方面，她们希望自己的穿衣风格能得到同学的认同、赞美和羡慕，从而提高自己在同学眼中的地位，满足自己的物质欲望和虚荣心。

2.疯狂追星

现代社会，追星族中，学生占大多数。有些女孩，一旦喜欢上一个明星，便会刻意地模仿其穿着风格，甚至有过之而无不及。

3.一味追"新"、求"异"。

青春期的女孩们已有了一定的思维能力和独立的主张，能自主地对一些事情进行决策，又没有成年人较重的工作、生活压力。因此，有些学生一有机会就放开手脚、随心所欲地挥霍金钱，追求高消费，用金钱换取自己喜欢的东西，而新奇的服饰是最能引起她们注意的。有些女孩甚至到了"不奇不爱、无奇不买"的地步，走上了追求怪异服饰的歧途。

4.获得安全感

不少女孩有意制造新奇形象，潜意识是想弥补心中不安。日本一名心理学教授认为，如果一个人界限感薄弱，除了难以感到自己与他人不同之外，还很难把握和他人之间的适当距离。因而，他对与别人的交往常怀有不安，对生活也感到不确定。那些

界限感薄弱的女孩为了保持自我安全，于是穿上款式另类甚至夸张的衣服，人为地跟外界划清界限，缓解内心的不安。

事实上，青春期是人生发展中的一个重要时期，要追求个性可以通过更积极的方式，而不是通过服装。如果你们把过多的精力放在穿衣打扮上，在学习方面就会放松，甚至会因此耽误学业。抱有这样一种浮躁的心态，又怎能搞好学习呢？

另外，青春期也是审美观、服饰观形成的阶段，奇装异服只能显露你的不成熟和审美偏差。

再者，青春期应该追求的是内心的充实，培根说："人一旦过于追求外在美，往往就放弃了内在美。"生活中，有些女孩为了得到想要的衣服，想方设法掏空父母的钱包，或是见别人穿得漂亮了就妒之、恨之。更有甚者，由于经济不支却又盲目赶时髦，因此铤而走险，采取不正当的手段，骗取、偷窃家人或其他人的财物，以致铸成大错。

诚然，青春期是追求自由的，但装束要符合自己的身份、年龄，这样才会给美丽加分。

青春期，嫉妒心理要不得

这天，在某小区门口，两个中年妇女在讨论自己的女儿："现在的孩子，怎么小小年纪就有嫉妒心呢？对门张姐的女儿成绩好，我无意中夸了一句，女儿就愤愤不平地说：'老师包庇她。'开始我也没当回事。期末考试前，那女孩的几张复习的试卷丢了，就来我们家，向我女儿借着复印，女儿一口咬定卷子借给表妹了。可是女儿根本就没有表妹，而且，那天晚上，我看见女儿的书桌上竟然有两份复习试卷，很明显，那女孩的试卷是被我女儿偷了。我当时真是六神无主了，女儿怎么会这样呢？我意识到问题的严重性，焦虑万分，因为任何思想成熟的人都明白嫉妒是思想的暴君、灵魂的顽疾，我想帮助女儿改掉嫉妒的陋习，可我真不知道怎么办。"

的确，对于青春期的女孩来说，她们已经有了升学的压力，开始明白了竞争的重要性，同时，也会常常不自觉地与他人作比较。当发现自己在才能、体貌或家庭条件等方面不如别人时，她们就会产生一种羡慕、崇拜、奋力追赶的心情，这是上进心的表现。但同时，因为青春期女孩心理发展尚未成熟，对自己各方面能力还认识不足，遇上比自己能力强的人时就会感到不安，就很容易产生嫉妒心理。嫉妒是对才能、成就、地位以及条件和机遇等方面比自己好的人产生的一种怨恨和愤怒相交织的复合情绪。即通常所说的"红眼病"。

我们都知道，生活于一定群体的人，往往会不自觉地与周围的人进行比较，比较就有差异，于是，人们很容易产生嫉妒心理。美国著名心理学家布鲁纳曾经指出，好胜的内驱力可以激发人的成就欲望。但如果不能正确地认识竞争，就会导致人

们在相互的竞争中产生嫉妒心理。嫉妒过于强烈，任其发展，则会形成一种扭曲的心理：心胸狭窄，喜欢看到别人不如自己，并喜欢通过排挤他人来取得成功。

青春期是个需要朋友的年纪，青春期的女孩也慢慢成为一个社会人。青春期是个为友谊劳心劳力的年纪，每个女孩都有几个朋友，但似乎这些孩子间都存在着一个威胁友谊的最大的杀手——嫉妒。在同龄的孩子之间，往往免不了竞争，因此，很多女孩在面对比自己优秀、比自己成功的朋友时，就会产生心理不平衡。"和她做朋友，感觉自己像个小丑一样，简直是她的附属品"，这种心理很多女孩都有过。

这样的友谊，表面上还相安无事，但女孩的内心已经开始有一块阴云笼罩着，一旦出现一些小事，就会一触即发，两人之间的友谊会消失得越来越快。实际上，绝对的公平并不存在，如果你不能清除这种不平衡心理，你就不能以一种轻松的心态去面对你的朋友。

那么，青春期女孩怎样才能消除嫉妒心理呢？

1.反省自己，发现别人的长处

成长中的女孩以这样的心态面对比自己优秀的朋友或者同学，不仅能学会用客观的眼光看自己和对方，也能弥补自己的不足，这样，就不至于为一点小事钻牛角尖，还能交到帮助自己成长的真正的朋友。

2.友善又和谐地与人相处

人际交往在青春期心理健康发展中占有非常重要的位置，脱离人际交往的人是不可能使自己健全成长的。通过别人的评价和帮助，女孩可以更多地接受知识和更真切地感受人与人之间的关爱，同时也可以更好地明了自己在别人心目中的位置，及时地改正不足之处，这样可以形成更为完整的自我形象。这对排解内心的嫉妒心理也非常有利。

3.接纳自己，然后完善自己

一般的人都不可能十全十美，也不可能一无是处。接纳自己就是指不仅看到自己的优点，还要学会用正确的眼光看待自己的不足，然后不断地完善自己。这里的关键是要求女孩要相信自己是有价值的人，从而全力以赴地去实现自己的价值。

所以，青春期的女孩们，在学习或者生活中，如果你的周围有比你优秀的朋友，千万不要嫉妒。女孩的心胸应是宽广的，用心交友，以人之长补己之短，你不仅能获得友谊，还能完善自己！

痴迷于一种事物是一种心理偏执

阳阳最近很奇怪，鬼迷心窍一样，迷上了港剧里的塔罗牌，无论上课还是下课，都拿着几张牌给周围的人算来算去，

并得出一些稀奇古怪的结论——她说同桌天天会考上某所著名大学，而小丽长大后会嫁到国外，而自己将来会成为国内著名的相学大师，说得神乎其神。

天天笑着对阳阳说："我看你是鬼迷心窍了，我们的命运都在自己手里，只要努力，谁都可以成功，哪是塔罗牌能算出来的。"

"你可真别不信，其实，我们的命运都在这张牌里。我们家一个亲戚，有一天，他正准备出门，一个算塔罗牌的朋友给他打电话，让他那天别出门，他以为人家逗他玩的，没在意，谁知，出门不到半小时，就出车祸了，现在还在医院呢！"

"是真的吗？那么神呀？"

"当然喽。"阳阳说得一本正经的，天天也没在意，阳阳还是一个劲儿地研究她的塔罗牌。自从迷上了塔罗牌以后，她生活里唯一的乐趣就是为身边的人算命。不仅如此，她也不喜欢上课了，她认为，只要能给自己算好。未来肯定是美好的，哪用读书？阳阳的爸爸妈妈也没怎么在意女儿的变化，半学期过去了，阳阳的学习成绩一塌糊涂。当他们知道这些以后，对阳阳好劝歹劝，可阳阳就是不听。没办法，他们只好带阳阳去看心理医生。医生说，阳阳的这种情况，是青春期的一种心理疾病，一旦对一件事情产生兴趣，很容易痴迷。这是一种执拗的、错误的心理。

青春期到来后，很多女孩已经作好了离开长辈的照顾、独立做事的准备，她们这样做，只是为了证明自己的成熟。这时候，这些女孩由于自我意识和好奇心的增强，加之社会、媒体的冲击，对许多东西产生兴趣。她们要通过表现个性、追逐潮流来满足自我意识和好奇心，但又由于缺乏人生、社会经验，当这些新鲜事物冲击她们的视线时，她们很容易掉入痴迷的旋涡，并坚持自己是正确的。另外，青春期的孩子很容易产生偏执心理，尤其是一些受到父母富养的女孩，更渴望被放养，而不是鞭养，越是长辈认为错误的事情，她们越是偏执地坚持。实际上，这种痴迷心态是很危险的，会导致女孩人格形成的单一化，贻误学习，甚至使女孩走向人格分裂、违法犯罪等。

那么，青春期女孩如何治疗这种心理问题呢？

1.痛苦法：设法增加这件事物的痛苦，痛苦越深刻，越坚定远离的心。如果女孩长期痴迷于一件事物，就必须认识到事物的危害和可能带来的危害，比如，女孩喜欢上了一个男孩，并痴迷于对方，这时，女孩就要想到，这样执迷不悟的后果是什么。

2.转移法：培养新的积极健康的喜好，比如，爱收藏就胜于打麻将，做网页就胜于玩游戏，运动锻炼就胜于节食减肥等。

3.格物法：层层深入地分析研究做这件事物的利弊，天天分析研究它，直至自己能够坚决地放弃为止。格物的最终目的是"致知"，多去分析，就能发现事物的利弊。

4.标签法：在自己的床头或桌子上贴上使自己惊心动魄的警示语言以及图示，或者戴腕带，不断提醒自己。

5.誓言法：把自己不再迷恋此事物的决心广而告之，让天下所有人都知道，断绝自己的退路，用自己的自尊使天下人一

起来做自己的守护神。

6.求助外援：请求父母或者心理医生的帮助。要高度重视家庭环境对自己人格的影响。父母会给你鼓励。

青春期是人格、爱好、品德形成的重要时期，关乎到女孩的一生。此时的女孩应该全面发展自己，培养自己多方面的爱好，形成健康向上的心理，同时，这也有利于提高你认识事物的能力。在学习生活中，当你产生压力时，当你和父母意见分歧时，要采取正确的方法宣泄、告知，这样才能避免自己的目光集聚到错误的事情上。

我好孤独——青春期孤僻心理

菲琳娜是一位外国女生，她来中国一段时间了，在谈到自己的经历时，她说："我现在没事了，前段时间，我刚来中国的时候，感觉好寂寞。虽然很多同学都帮助我，大家对我也很好，我还经常去同学家里做客，但我不知道为什么，不想说话，不想接触别人，幸亏一位医生，他说我的症状是什么青春期孤僻心理，他对我进行了一段时间的心理梳理后，我现在好多了。"

这里，菲琳娜的孤僻心理是由于生活、学习环境的改变引起的。很多进入青春期的女孩都有这样一种体验：觉得自己是大人了，于是总想一夜之间成熟起来。可是无论是老师还是父

母，还是把女孩当成昔日的小丫头。就连平时挺要好的同学，现在也不是那么亲密无间、无话不谈了。自己一肚子的心事，不知道该和谁谈。

人际交往是一门学问，青春期是培养交往能力的重要时期，也是积累人生阅历和社会经验的重要阶段。然而孤僻心理对于女孩自身发展和人际交往都存在不利。毕竟每个人都希望与自己交往的人态度积极。乐于和善于与人交往的人能和大多数人建立良好人际关系，在与人相处时态度积极，不忌妒、不冷漠，能很快适应新环境。但一些女孩，因为一些原因，把自己的活动限制在一定的范围内，情况严重的，甚至导致女孩患上自闭症和交往恐惧症，严重影响青春期女生的心理健康。克服这些心理障碍，女孩才能走出交往的第一步。

一般来说，女孩在青春期，孤僻心理会有以下几个表现：

1.情绪反应过度

理想的心理状态应该是情感表现乐观而稳定，既不为琐事耿耿于怀，也不冲动莽撞。现实生活中，有些女孩选择用沉默来面对生活和学习中的各种情况，这就是典型的孤僻心理，无论发生什么，似乎都不能激起她们的兴趣。

2.行为偏执极端

一般来说，正常的行为应该是积极、主动和富有建设性的，但很多未成年女孩一遇上不顺心的事就采取过激行为。

3.意志品质欠健全

意志品质良好的人，能够对自己的言行举止表现出一定的自觉性、独立性和自制力，既不刚愎自用，也不盲从寡断；在实践中注意培养自己的果断与毅力，经得起挫折与磨难的考验。

那么，如何消除孤僻心理呢？女孩应注意做到以下几点：

1.培养个性魅力，完善交往品质

每个女生都希望自己可以落落大方，让同学喜欢自己，其实，只要女孩拥有良好的交往品质，走出恐惧的第一步，就能赢得同学的喜爱，慢慢地，心结也就能打开了。"人之相知，贵相知心。"真诚的心能使交往双方心心相印、彼此肝胆相照，真诚的心能使交往者的友谊地久天长。

2.用正确的心态评价自己和他人

孤僻的女孩一般不能正确地评价自己，要么总认为自己不如人，怕被别人讥讽、嘲笑、拒绝，乃至把自己紧紧地包裹起来，保护着脆弱的自尊心；要么自命不凡，不屑于和别人交往。孤僻者需要正确地认识别人和自己，多与他人交流思想、沟通感情，享受朋友间的友谊与温暖。

要消除孤僻心理，女孩必须要自信。话说，自爱才有他爱，自尊而后有他尊。自信也是如此。在人际交往中，自信的人总是不卑不亢、落落大方、谈吐从容，而决非孤芳自赏、盲目清高。而且，她们对自己的不足有所认识，并善于听从别人的劝告与帮助，勇于改正自己的错误。要培养自信，就要要善于"解剖自己"，发扬优点、改正缺点，在社会实践中磨炼、摔打自己，使自己尽快成熟起来。另外，还要正确认识孤僻的危害，敞开闭锁的心扉，追求人生的乐趣，摆脱孤僻的烦扰。

3.培养健康的生活情趣

健康的生活情趣可以有效地消除孤僻心理。利用闲暇时光潜心研究一门学问，或学习一门技术，或写写日记、听听音乐、练练书法，或种草养花等，都有利于消除孤僻。

4.掌握交往技巧，提高交往能力

看一些交往书籍，学习交往技巧，同时多参加正当、良好的交往活动，在活动中逐步培养自己开朗的性格。要敢于与别人交往，虚心听取别人的意见，同时要有与任何人成为朋友的愿望。这样，女孩便会在每一次交往中都有所收获，如纠正认识上的偏差，丰富知识经验，获得友谊，愉悦身心等，并能重树你在大家心目中的形象。可以从先结交一个性格开朗、志趣高雅的朋友开始，处处跟着他学，并请他多多提携。

5.为自己制订一个奋斗的目标

一个有所爱、有所追求的人，不会孤寂；一个为学业忙碌的女孩，也不会孤僻。因此，要树立坚定的事业心和具体的奋斗目标，并为之努力拼搏，这样一来，孤僻自然会被热情所埋没。

青春期是精彩的，但一个人是寂寞的，一个人的世界并不精彩，青春期有太多精彩需要分享，何不敞开心扉？

一件事情反复做——青春期强迫症

小静是个乖巧的女孩，她的学习成绩在班上处于中间的位置，她的爸爸妈妈因此很少为她的学习担心。升入初中以后，由于学习紧张了许多，她开始晚上熬夜看书，渐渐地，她的脸上长起了青春痘。

一天，她的同桌告诉她，说她长在鼻子中央的青春痘很显眼，小静听了后，马上照着镜子看。不久，她设定了"战痘"计划，买来各种祛痘产品，并且每天早上提前起床用祛痘产品洗脸和涂抹，中午及晚上她也会花很多时间在"战痘"上。她的妈妈开始注意到女儿的异常，但也没在意，认为女儿到了青春期，爱美是正常的。但小静的青春痘不但不见好转，还使得她满脸又红又黑，小静更觉得有必要"战痘"了。

后来，小静变得焦躁不安，通过网页、电视广告等频繁留意祛痘产品，一回到家就洗脸、擦祛痘产品，即使上课的时候，她也忍不住用手挤青春痘。她的学习和生活受到了严重的影响，成绩一落千丈。

无奈之下，小静的妈妈带她到心理咨询所进行咨询，才知道原来小静患了强迫症。小静对医生说："我也不知道怎么说，我真的很痛苦。自从那件事情之后，我都感觉自己和以前不一样了。我看到一个很平常的东西，就非要分析好久，而且有时候一个很小很小的事情我也会把它看得很复杂，要慢慢分

析好久。有时候，明明我确定我已经关好门了，可是，我偏偏还要关一次，确定关好了，我还是不放手，总是觉得不安全。我不再像以前那样，变得絮絮叨叨。我也想顺其自然，但我做不到！我真的很严重吗？"

小静患的就是典型的强迫症，病因可能是由于小静从小不受关注，因而产生自卑心理。此时一颗青春痘引起了她的注意，她认为那颗青春痘影响了她的容貌，希望能通过外涂祛痘产品祛除青春痘。然而，过多过频地使用祛痘产品和碰触脸部皮肤的错误方式引起了皮肤感染，于是，她尝试用更多的方法来治青春痘，由此陷入恶性循环，致使她不断地强迫自己洗脸、涂抹祛青春痘的产品，最终导致她患上强迫症。

由于生理器官的不断发育成熟，青春期的少女特别容易出现各种各样的心理问题。青春期强迫症就是比较常见的一种。

生活中，有些女孩的生活总被一些想法和行为所操控，比如，反复想同一个问题，或者周而复始地做同一件事。事实上，她们知这些想法和行为毫无意义且不合理，但她们无法控制住自己，于是，她们经常会为此感到痛苦，并为此影响到正常的学习和生活。事实上，此时，女孩可能已经患上了强迫症——精神医学家又称之为强迫性神经症。它是指以强迫观念和强迫动作为主要表现的一种神经症。

临床上根据其表现，大体可将强迫症划分为强迫观念及强迫动作两类。

1.强迫观念：强迫症在思维上主要表现为反复而持久的观念、思想、印象或冲动念头。患者一般力图摆脱，但为摆脱不了而紧张烦恼、心烦意乱、焦虑不安，并出现一些躯体症状。

2.强迫动作：又称强迫行为。

青春期强迫症不仅影响女孩正常学习和生活，而且严重影响患者的正常成长发育。那么，青春期出现的强迫症如何治疗？

1.思维训练：对青春期强迫症患者的病态观念，理性思维训练可以通过先假定其正确，再由患者自己在理性思维控制下进行验证，证明其错误。

2.行为训练：这类治疗方法主要是鼓励女孩通过具体的行为和实践纠正其不合理观念。

3.理性情绪疗法：患青春期强迫症的女孩要找出强迫观念产生的原因，然后据此打破原有的错误认知观念，重新塑造正确的观念，以慢慢地治愈强迫症。

针对小静的这种情况，小静首先要认识到自己"战痘"的行为是幼稚的、不合理的，一颗青春痘并不会对自己的个人形象造成很大的影响，别人也不会以一颗青春痘来判断一个人美还是不美。其次，从现在开始，小静要善于发现自己的亮点，放大自己的优点，树立信心。

青春期是人生中美好而又危险的阶段，说其危险主要是因为处于青春期的女孩很容易出现心理问题，不加控制可能引发疾病症状，青春期强迫症就是能够将她们推入绝境的疾病之

一。因此，青春期女孩一定要学会自我控制和调节自己的情绪，梳理、放松自己，适时排解，防治结合，这样，你才能健康、快乐地过好每一天！

做事精神不集中怎么办——青春期焦虑症

妍妍今年15岁，是个很懂事听话的女孩，但最近，她因为心里的苦恼而求助于心理医生。

在心理医生那儿，妍妍敞开心扉说出了自己的想法："因为老师器重我，所以，只要市里、区里或学校里有竞赛活动，不管是什么竞赛，老师都要选派我去参加。为此，我的学习负担十分沉重，我要比其他同学付出更多，我感到精神压力很大，简直不堪重负。老师当然是一片好心，我也认为应当对得起老师，因而深恐竞赛失利，对各科的学习都抓得很紧很紧。妈妈也一直以为我荣。

"有天晚上，我正在背书，强记第二天竞赛科目的内容，但那天刚好是爸爸请同事吃饭的日子，他们喝酒、猜拳行令的声音很大，吵得我无法看书。我又急又气，心中烦躁至极。就是从那个时刻，我心头产生了强烈的怨恨：一恨老师总让我参加各种竞考，使我疲惫不堪；二恨爸爸请客，扰乱了我的复习；三恨母亲不该让我读什么市里的重点中学。在这种焦虑怨

恨的情绪状态下，我一夜也没睡着，第二天在考场上打了败仗。从此，我就经常失眠、多梦，梦中总是在做数理的竞赛题，要不就是梦见在竞赛时交了白卷。而且，我现在上课集中不了精神，总是开小差，考试成绩也一次比一次差，为此，我很苦恼。我该怎么办？我还要参加中考呢！"

妍妍的这种情况属于青春期焦虑症，焦虑症即通常所称的焦虑状态，全称为焦虑性神经病。

那么，什么是青春期焦虑症呢？焦虑症是一种具有持久性焦虑、恐惧、紧张情绪和植物神经活动障碍的脑机能失调，常伴有运动性不安和躯体不适感。发病原因为精神因素，如处于紧张的环境不能适应，遭遇不幸或难以承担比较复杂而困难的工作等。

焦虑症患者的病前性格大多为胆小怕事、自卑多疑，做事思前想后、犹豫不决，对新事物及新环境不能很快适应。

处于青春期的孩子向来是焦虑症的易发人群，他们的生理与心理都处于人生的转折点。许多女孩子在这一期间会变得异常敏感，情绪不稳，由于身心都没有发育成熟，她们往往无法正确排解自己的不良情绪。因此，青春期焦虑症是一种常见的心理疾病。

青春期是人生的转折点，身体上的变化也给女孩的心理带来一些冲击，她们会对自己的身体产生一些疑惑，甚至不知所措，她们可能因此自卑、敏感、多疑、孤僻。青春期焦虑症会严重危害女孩的身心健康，长期处于焦虑状态，还会诱发神经衰弱症，因此必须及时予以合理治疗。下面介绍几种常用的自我治疗方法：

1.自我暗示

自我治疗和心理暗示是治疗青春期焦虑症的最有效的方法。青春期的女孩在日常的学习和生活中，不免会遇到一些不愉快的事，这时，你应暗示自己树立自信，正确认识自己，相信自己有处理突发事件和完成各种工作的能力，坚信通过治疗可以完全消除焦虑。通过暗示，每多一点自信，焦虑程度就会降低一些，同时又反过来使自己变得更自信，这个良性循环将帮助你摆脱焦虑症的纠缠。

2.分析疗法

事实上，青春期女孩的焦虑症很多是源自曾经发生过的事带来的情绪体验，进而影响到潜意识。因此，要想这些被压抑的潜意识消失，女孩就要学会自我分析，分析产生焦虑的原因，或通过心理医生的协助，把深藏于潜意识中的"病根"挖掘出来，必要时可进行发泄，这样，症状一般可消失。否则，你会成天忧心忡忡、惶惶犹如大难将至，痛苦焦虑，却又不知其所以然。

3.深度放松疗法

焦虑症一般都伴随有紧张的情绪，学会自我放松，也是治疗这一病症的重要方法。如果你能够学会自我深度松弛，就会出现与焦虑中所见相反的反应，这时其身体是放松的，而不再为某些朦胧意识所控制。

自我深度松弛对焦虑症有显著疗效，如你在深度松弛的情况下去想象紧张情境。首先想象最弱的情境，重复进行，慢慢地，你便会在想象出的任何紧张情境或整个事件过程中都不再体验到焦虑。

4.转移注意力疗法

焦虑症女孩发病时脑中总是盯紧某一目标，然后胡思乱想，坐立不安，痛苦不堪，此时患者可采用自我刺激，转移注意力。如在胡思乱想时，找一本有趣的能吸引人的书读，或从事自己喜爱的娱乐活动，或进行紧张的体力劳动和体育运动，以忘却其苦。

5.药物治疗

在自我治疗无效的情况下，你可在医生的指导下服用相应的药物，但要注意药物的副作用，避免药物依赖性。

青春期焦虑症对女孩的学习、生活、人际交往等都会产生十分消极的影响。青春期的女孩们，如果你也有焦虑症，希望你能尽早从焦虑的阴影中走出来，也希望所有青春期女孩都能身心健康！

面对挫折很消沉——青春期挫折症

雯雯转校了。雯雯的爸爸妈妈因为生意上的变动，要去外地发展几年，为了不让雯雯孤单，他们将雯雯也带走了。

一个星期以后，雯雯以前的同学打电话来："你在那边怎么样？"

"很不好。"雯雯就说了几个简短的字。

"喂，是雯雯的同学丹丹吧？你有时间过来玩玩吧，我们家雯雯好想你，她在这儿也没有朋友，现在，每天都很消沉，学习成绩也一直跟不上。要知道这样，当初就不让她转学来这儿了。"雯雯妈妈接过了电话，对丹丹叙述着。

"把电话给我，丹丹。"丹丹妈妈是个心理咨询师，她担心雯雯得了青春期挫折症，想问问具体的情况，如她所料，根据雯雯妈妈的描述，的确如此，于是，她建议雯雯妈带雯雯去医院看看。

雯雯有这样的情绪，是一种挫败感的表现。来到新的学习、生活的环境，原先的朋友、同学全部远离自己，使得雯雯郁郁寡欢，打不起精神。处于青春期的女孩，受到的压力随着时代发展越来越严重。她们处于人生的转折点，不能避免许多失败、许多不顺利，所以心理问题也就随之而来，青春期挫折症就是其中"发病率"较高的一种。

青春期挫折综合征是一个多发性、表现不一、诱发原因多样的一类心理失调症状，是危害青少年身心健康的疾病。其主要症状表现如下：

心理上：心情差、意志消沉、郁郁寡欢、敏感、感到孤独

寂寞、忧心忡忡、抑郁等。

对待异性上：对异性谨慎小心，但在心理上对异性有狂热的向往。

社交障碍：交往不自然，目光紧张、行为拘谨。

逃逸行为：指逃学、出走甚至自杀行为。

疑病：对身体不舒服过于敏感，乱联想，怀疑自己患了不治之症等。

青春期女孩患上青春期挫折症的原因，主要是来自于学校、家庭或者人际交往中。

事实上，挫折是一种主观感受，每个人的心理承受力不同，对挫折的主观感受和情绪体验也各有不同。受到同样的挫折，心理承受力较强的人，可能不会有太大的震动，能较为平静地对待；而心理承受力较弱的人则对挫折的感受较为剧烈，甚至难以承受。

为此，青春期女孩，你可以从以下几个方面减轻自己的挫败感：

1.审视和认识自己，然后接纳自己

很多女孩经不起挫折，就是因为对自己的要求和期望值过高。

一般说来，一个人自我认识与其本身的实际情况越接近，其社会适应能力就越强，也就越能保持心理的健康；相反，自我认识与其本身的实际情况差距越大，则社会适应能力越弱，也就越容易产生心理问题。

2.提高自己的耐挫力

青春期女孩要明白，人的一生是不可能一帆风顺的，人只有在挫折中才会成长。没有播种，何来收获；没有辛苦，何来成功；没有磨难，何来荣耀；没有挫折，何来辉煌。承受挫折是你提高自身心理承受力的必经之路。挫折从反面丰富了人生的经历，让人醒悟更多、能力更强。

因此，青春期女孩要学会提高自己的耐挫力，在生活中，可以有意识地进行锻炼，从而增强应付各种难以预料的挫折的能力。挫折具有的实质是获取挫折的心理体验，并在此基础上，通过自己的努力去克服挫折，以提高对挫折的承受能力。

3.不要让自己的坏情绪乱跑

良好稳定的情绪是心理健康的基本条件。青春期女孩要控制自己消极的情绪，不要让你的坏情绪乱跑。

首先，应该具有正确的思维方法，正视生活中遇到的那些不愉快的事，要懂得万事都不可能按自己的主观愿望顺利发展。

其次，必须纠正自我评价的偏差，避免不必要的消极情绪的产生。

4.要有意识地扩大人际交往的范围

积极参与公共活动，是让自己找回信心的好方法。你可以参加各种感兴趣的活动，如打球、下棋、游泳等；也可以向父母、老师或知心朋友倾诉衷肠，这样做一方面会缓解你沉重

的心理压力，另一方面能令你从中获取应对挫折的勇气和方法，以分散青春期挫折综合征对你的影响，助你尽可能摆脱这种顽症。

挫折，既能锻炼一个人、激励一个人，也能摧毁一个人，关键在于人自身如何对待它。青春期的女孩们，无论你处于何种环境，遇到什么挫折，你都要积极面对。将挫折视为通往成功的必经之路，你就能战胜挫折，将挫折踩在脚下。

第三章

女孩别烦恼，坦然面对青春期的情窦初开

女孩永远对爱情有着美妙的幻想，希望有灰姑娘的爱情，希望有白雪公主的爱情，希望……青春期，她们对爱情有了一些懵懂的向往和憧憬，那种被追的感觉，那种羞涩的暗恋的感觉，让女孩快乐不已，可是，当被拒绝时，当网络爱情发生在自己身上的时候，女孩又茫然甚至伤心了。这就是早恋。女孩别为早恋烦恼，要正确地处理与异性之间的关系，把握好友谊的尺寸，记住，不要早恋！

异性交往就是早恋吗

青春期的少女对异性向往与爱慕，属于生理与心理发育过程中的正常现象。青少年由于生理发育和性成熟，很容易产生性冲动，会对异性产生有别于同学间友谊的、希望接近的冲动；还有的会表现为对异性的广泛关注，渴望了解异性的心理和生理，了解异性对自己的态度。这些都是正常的生理、心理现象。如果这些反应一点没有，反倒应该怀疑是否生理发育出了问题。但女孩必须有所自律，可以爱慕，但不能早恋。

青春期的少女产生怀春心理，并且可能会出现早恋的迹象，这是为什么呢？这是因为，进入青春初期的少女，身体的发育使第一性征和第二性征发生变化，开始有了两性的自我意识。在窥探两性关系的好奇心理支配下，形成了青少年男女间一种幼稚的、带有一定盲目性的"异性爱"形态，这就是人们说的"早恋"。

而实际上，异性之间的交往并不等于早恋，异性友情与爱情有很大的区别。"他到底是不是喜欢我呢？一会儿跟我很亲密，一会儿又拒我于千里之外，我们之间是爱情吗？"这是很多青春期女孩遇到的问题，即在友情与爱情之间产生错觉，这

主要也是因为女孩没有正确地区分友情与爱情的界限。

女孩在青春期与异性之间的适当交往，对于女孩的成长是有益的：

1.渴望交流的需要

除去青春期生理、心理发育带来的对异性交往的渴望，十几岁的孩子渴望认识异性朋友、与异性交往还缘于对兄弟姐妹情感的向往。现在的孩子大多为独生子女，没有兄弟姐妹，身边缺少同龄人做伴，生活比较孤单。一旦心里有话需要倾诉，孩子就会找个说得来的同学或者朋友来替代自己的兄弟姐妹情感。

2.异性交往是人格独立的需要

青春期女孩，除了生理发育和性成熟外，独立意识也大大增强。她们会强烈地意识到自己不是小孩子，希望独立——尤其是情感上的独立。于是，女孩不再喜欢依赖父母，跟父母间的交流也不容易产生共鸣，不少家庭的女孩与父母之间还出现所谓的"代沟"。她们往往通过独立认识、交往新朋友、建立自己的同龄朋友圈子来证明自己已经独立、成人了。

3.性格互补和身心健康发展的需要

有的女孩说："我觉得男生心胸开阔，和他们在一起时我的心情也开朗了。"有些男生讲："也不知为什么，比赛时如果有女生在场观看，我们男生就跑得特别卖力。"其实，这些都说明了正常的异性交往对双方的心理健康发展都会有促进作用。由于男女同学各自特点不同——男生往往比较刚强、勇敢、不畏艰难、更具独立性，而女性则更具细腻、温柔、严谨、韧性等特点，因此，男女同学的正常交往可以促使双方互补，对他们的性格发展和智力发育都有益处。

因此，青春期的女孩们一定要明白，男女生之间的交往对于自己的成长是有益的，但不能交往过分，甚至因此而影响到学习成绩及精神状态。爱情和友谊之间还是有一定界限的，你要把握好这中间的界限，这样才能正确区分和异性之间的交往，才能逐渐培养正确的人际交往能力，从而在与异性同学交往的过程中做到互补、互学和互助。

把你的喜欢悄悄留在心底

妞妞从小到大都比较听话，父母从没担心过。不过，妞妞也并不是什么乖乖女，她很有主见。可是，当她的妈妈看到那张字条时，开始担心了，正当妈妈准备找妞妞谈时，没想到妞妞"不打自招"，和妈妈坦白了。

"在他向我表白之前，我还可以把自己埋在书中，一心要上所好学校。现在不行了，那个男孩一走到我身旁，尽管我的视线没有移动，可全身心所有的神经只在他一个人身上。早晨临行前，我下定决心，绝不分心，可一进教室，我就知道

'他还未来'。那天，他问我去不去春游，'不去，那天我有事。'我违心地拒绝了。可我明知那一天我只能望着窗外发呆。有时我想，人长大了有什么好？做事反而不如小时候专心。有时候，我甚至会写着作业忽然哭起来。其实，这个男孩真的很出色，其实，我不在意这些。反正他和别的女孩说笑时，我心底就会升起一缕愁思。我是爱上了他？我应该对他表白吗？我知道青春期不该恋爱，可是妈妈，恐怕我真的喜欢上他了，怎么办？"

这里，妞妞就是情窦初开了。谁都想有一段浪漫的青春经历，谁都想在自己最美好的年纪遇到一个最好的人，面对爱情，很多青春期女孩往往是手足无措、心如鹿跃的……很多青春期的女孩都认为，或许这就是爱。但爱是非常抽象的东西，青春期这个年龄的女孩生理和心理都发育不成熟，对于两性关系还没有一个比较全面的认识，更谈不上能严肃地选择终生伴侣。

青少年在感情方面还是处于耕耘时期，心理品质、价值观等都还未定型，可能今天认为不错的到明天就认为不好了。从现实的例子看，青少年的这种爱，没有几个能做到坚贞不渝的，往往是游移、不确定的多，最后白白浪费了感情、浪费了时间和精力，更重要的是耽误了学习。

因此，青春期的女孩应该以学习为重，要把对异性的爱慕感情藏于心灵深处，把这爱慕转化为互相尊重、互相鼓励、互相推动、互相学习的动力。并且，青春期的女孩即使有爱慕的

对象，也应该矜持自控，注意培养自爱、自重、自尊、自强的观念，爱，也不能轻易说出口。

从这几个方面说，青春期的女生不应该过度地表现自己的情感。情窦初开时，要选用正确的方法把这种情感释放出来，把喜欢的人埋在心底，找准自己的位置，努力学习各种知识，让自己的青春不虚度：

1.自觉接受青春期教育，用科学知识破除对性的疑惑，使性知识丰富与性道德观念的树立同步发展。

2.珍藏对异性的爱慕感情于心灵深处，转化为互相尊重、互相鼓励、互相推动、互相学习的动力。净化心灵，清除爱慕中情欲的杂质，防止异性交往中的单一指向性和进行活动的排他性。

3.讲究风度，注意礼仪。做到端庄和蔼，以礼相待，举止适度，说话（特别是开玩笑）注意分寸，表现出对对方的尊重，显示自己的文明修养。

4.要注意培养"四自"（自爱、自重、自尊、自强）的观念，在情窦初开、思想敏感、感情热烈之时，要矜持自控，防止"青春期"变成"苦恼期"，"黄金时代"变成"多事之秋"。

5.异性交往的感情已有超越友谊界限的迹象的青春期女孩，要及早"降温"，用理智驾驭感情。

总之，青春期的女孩要记住：青春花蕾的开放不能任意提前，否则就会过早凋谢，不艳不香，更谈不上结出丰硕的

果实了。

　　因此，每个青春期的女孩都要知道，青春期的主要任务是学习，而恋爱对于心智并不成熟的你而言必然耗费大量精力，影响你的未来发展。你认为你喜欢那个男孩，不妨把这些心事记录在你的日记里，写下你的喜欢和爱慕；也可以告诉父母，他们其实是你最好的朋友。试着释放绷紧的心弦，这段爱恋会随着时间酝酿成友情，芳香四溢！

青春期女孩该怎样和男同学相处

　　进入中学以后，会出现一个奇怪的现象，一般情况下，女生会形成一个交友圈子，男生也有一个交友圈子，为了避免别人的口舌，男女生一般"井水不犯河水"。阿娟就好像从来不和男生说话，她是那么不起眼，无论是长相还是成绩。其实，她自己也很苦恼。

　　她在自己的日记中这样写道："从小到大我都不能像正常女同学那样与男同学正常相处。如果一个男同学站在我旁边，我会很紧张，上课也不能很专心，总觉得他们在看着我，看我有没有看他们。我很累，我很想像正常人一样。这种情况大概是从初二开始变严重的。那年我喜欢上一个男孩，我们班的，其实我也不知那是不是喜欢。当时我们班有好多谈恋爱的，我想我是太寂寞了，也想尝试一下。我不敢表白，每天静静地看着他的背影，我觉得很幸福。我比较内向，也很自卑。也许是因为我总看他，他有一次发现了，也看我，于是我会立刻把目光移开。我的心怦怦跳，然后再看他。我喜欢上这种目光碰撞的感觉。我总是偷偷看他，他发现了也会装作若无其事的样子。有时候我都分不清我有没有看他。上课我不能专心，只要我视线里有他。后来我觉得全班人都知道我喜欢他了，总议论我，所以我不敢看他了。不仅对他，对班上的男生，我都不知道怎么相处，自习课我把头埋得很低，因为这样我的视野范围就会很小，我就看不见我斜后方的男同学了。长此以往，我的颈椎出了问题。所有男同学好像都很讨厌我。我很苦恼，我到底是怎么了？我该怎么和男同学相处呢？"

阿娟的这种情况，很多性格内向的女孩都会有——不知道怎么和异性相处。我们也许有这样的体验：青春期的最初阶段，男女同学相处似乎比较困难，即使是童年时代很要好的异性同学，这时也会不自然地退避。男女同学在学习、娱乐及各项活动中，界限分明，偶有接触也显得很不自然，不像儿童时代那样无拘无束、天真烂漫。这段时期，心理学上称为"异性疏远期"。同时，有些女孩或多或少地受封建落后观念"男女授受不亲"的影响，认为男女交往有伤风化。因此，慑于舆论、慑于所谓的名声，男女同学间壁垒森严，互不搭界。当然，一些早恋的女孩，与喜欢的异性之间又过于亲密。因此，

很多女孩就有了疑问，到底怎样和异性相处呢？

1.用平各和心态与男同学交往。异性相吸是青春期发育的必然阶段。处于青春期的少男少女会产生一种强烈的要求接近异性、渴望交往的愿望，对于这种心理，很多女孩自己也说不清楚。面对这种难以捉摸的感情，女孩心中便会产生这样或那样的烦恼。

青春期女孩在男同学面前所表现出的种种不得体，主要在于不大了解男女相处的艺术，不了解异性相吸的自然性，夸大了异性的神秘性。如果改变了对异性的看法，女孩的行为也会有所改变，因此，不妨大大方方地与男同学交往，坦诚面对异性，慢慢地，女孩就能用平和的心态与男同学交往了。

2.要培养健康的交往常识，提倡男女同学间的广泛接触、友好相处，不管是男同学还是女同学，不要把性别作为是否可以接触的前提。男同学、女同学都是同学，同学之间不存在可以接触、不可以接触的问题，更不能人为地设置影响互帮互学、共同进步的心理障碍。

3.和男同学交往，要本着以事情为核心的原则。可以在老师的指导下广泛开展集体性的活动，如勤工俭学、社会考察、参观访问、文体活动等。在集体活动中互相增进了解、沟通情感，清除由于不相往来而造成的隔阂。

4.学生时代的男女同学之间，应建立亲如兄弟姐妹那样的友谊关系，尤其是男女同学单独相处时，一定要理智处事，光

明磊落，善于把握自己的感情。

青春期除了是女孩身体发育的时期，也是性格、人格等逐渐完善的时期，更是情感的萌发期，青春期女孩应该以坦荡的心态和男生交往，在交往的过程中，以尊重为前提，把握好度，注意一些问题。总之，女孩可以和男孩一起玩，但要有得体的表现，让彼此之间的情感限定在友谊的范围内，这也有益于消除女孩对异性的困惑，有益于女孩身心的发展！

真正的异性相吸，应是吸收对方身上的优点

青春期异性之间相互喜欢是正常的，女孩到了青春期，渴望与异性交往，并希望引起异性的注意，这就是人们常说的异性相吸。但青春期的女孩不要误以为青春期就可以谈论爱情、可以和异性交往，你们现在世界观、人生观还没有成熟，前面还要有很长的路要走，现在接触一个人，喜欢的只是他身上的某一个优点，甚至只是你没有接触到的生活。以后你还有更多的事、更多的人要接触，你心目中的标准也会不断地发生变化。所以，现在喜欢一个人，一定要冷静，要学会把这种喜欢默默地放在心里，使之成为你前进的一个动力。因此，真正的异性相吸，应该是吸收对方身上的优点。

1.智力方面。男、女生的智力类型是有差异的。男女生经

常在一起互相学习、互相影响，就可以取长补短、差异互补，提高自身的智力活动水平和学习效率。

2.情感方面。人际交往间的情感是丰富而微妙的，在异性交往中获得的情感交流和感受，往往是在同性朋友身上寻不到的。这是因为两性的情感特点有差异，女生的情感比较细腻温和，富于同情心，情感中富有使人宁静的力量。因此，男生的苦恼、挫折感可以在女生平和的心绪与同情的目光中得到安慰；而男生情感外露、粗犷、热烈而有力，可以消除女生的愁苦与疑惑。

3.个性方面。只在同性范围内交往，我们的心理发展往往会狭隘，远不如既与同性又与异性的多项交往更能丰富我们的个性。多项的人际交往，可以使差异较大的个性相互渗透，相互补充，使性格更为豁达开朗，情感体验更为丰富，意志也更为坚强。保加利亚的一位心理学家说过：男人真正的力量是带一点女性温柔色彩的刚毅。

我们都有过这种体验：对于有异性参加的活动，较之只有同性参加的活动，我们一般会感到更愉快，活动的积极性会更高，往往玩得更起劲、干得更出色。这就是心理学上的"异性效应"。当有异性参加活动时，异性间心理接近的需要就得到了满足，于是，彼此间就获得了不同程度的愉悦感，也激发起双方内在的积极性和创造力。尽管健康的两性交往对我们的成长有诸多的好处，我们也要把握好两性交往的尺度，防止"过"与"不及"。

因此，青春期女孩在与异性交往的时候，一定要适度、坦诚，要像结交同性朋友那样结交真朋友，所言所行要留有余地，不能毫无顾忌。比如，谈话中涉及两性之间的一些敏感话题时要回避，交往中的身体接触要有分寸等。

青春期女孩都渴望与异性交往，但切记要把握好与男同学交往的分寸，这样，你才能用青春的画笔把真诚、纯洁、美丽、幻想都画进你绚丽的人生画卷，使自己的青春真的无悔！

"哥们儿"这个关系更适合

下课了，卫生间里几个女生在谈话。

其中一个女生对另外一个女生开玩笑说："你和我们班赵亮是不是谈了？"

"什么谈了？"

"谈恋爱啊！谁都看出来，你们关系不一般，你就和我招了吧！"

"真的不是你想的那样，我只是觉得我们比较谈得来而已。况且，你看我这样的女生，哪个男生会喜欢呢？一天大大咧咧的，整个儿一假小子。"

"那你到底喜不喜欢人家嘛？"问话的女孩故意套对方

的话。

"我也不知道，不过和他在一起的时候我觉得很自在，说实在话，我很怕我们之间的关系进一步发展，因为，那时候，友谊就会变质。万一我表白了，他不理我怎么办？万一他也只是把我当朋友怎么办？"

"那就什么也别说，就把他当哥们儿，我妈告诉我，青春期的所谓的喜欢，一般不是真正的爱情，只是单纯的好感而已，你要把握好分寸哦。"

"我知道了，就跟他做哥们儿，挺好的。"

估计有很多青春期女孩都有这样的苦恼："我该怎么和他相处？"而上文中女生的做法是正确的——把喜欢放在心底，和那个喜欢的男孩做"哥们儿"。

青春期的女孩在与男孩相处时，容易产生两种极端的情况。一些女孩对男孩子处处设防，显得过于拘谨，"不敢越雷池半步"，甚至不敢大方地说话，生怕招来非议，结果弄得自己尴尬对方也尴尬，丧失了和异性交流的机会；也有一些女孩则对男孩则显出过度的兴趣，好像有说不完的话，热情过了头，这种女孩会让人感觉比较轻浮。

其实，这两种极端的相处方式都是错误的，女孩与异性相处的"最高境界"就是像跟同性交往一样，也就是人们常说的"哥们儿"关系，这样你可以很自然地跟尽可能多的异性交往。记住，你的每一个交往对象首先是人，然后才是男孩或者女孩，不管男孩还是女孩，你都可以与之成为朋友。

有人说，男女之间不存在绝对纯真的友谊，其实，这种观点是错误的，也是狭隘的。

人类的情感有很多种，而和异性之间的关系也不仅限于人们常说的爱情，还有关爱、喜欢、欣赏等。异性交往并非必然陷入恋情，更可能是同学、师生、朋友、合作伙伴等多种人际关系。另外，青春期是人格完善的阶段，与异性相处，还是一种"爱的修炼"，是对未来婚姻家庭的准备，也是对未来事业发展和社会人际关系适应的必要准备。

进入青春期后渴望与异性交往，是女孩身心健康发展的重要标志。青春期的女孩，一切处于就绪和准备阶段，更需要从异性身上学到自身欠缺的东西。只要女孩有清醒的认识，把握好自己，可以尝试着和男生做"哥们儿"。

另外，女孩与异性交往的时候，也不要刻意地淡化自己的性别，在心态上把对方看成同性，并不改变对方是异性的事实，只是有助于你扩大交往圈子，大方地接近异性。所以，任何时候要记住自己是女孩，这样才能有意识地在与男孩的交往中保护自己。

再者，女孩也可能会对某个异性产生好感，此时，女孩要把握好尺度，尽量避免和异性谈及情感问题，要学会把你们的关系往友谊上引导，学习上与其取长补短，同时，要学会不伤感情地拒绝异性的追求。青春期女孩可以和异性做无话不谈的

朋友，异性间应建立良好的友谊，互帮互助，促进身心健康的发展，但应注意度，尽量避免"一对一"的异性相处，凡事要本着以事情为中心的原则。

　　总之，青春期女孩要记住，并不是所有的深入交往都是为了发展成亲密关系，女孩要学会处理和异性之间的关系，否则容易引起误解，欲罢不能，严重的甚至会对自己造成无法挽回的伤害，影响身心的发展。青春期只有一次，别让青春期的美丽之花提前凋谢！

理性对待青春期的早恋行为

　　某地中学每年都要举办一次中学生心理知识的讲座，这次的讲座议题是理性对待早恋行为。

　　到了互动环节，有个大胆的女孩子主动写字条问专家："当遇到别人向我求爱时怎么办？"

　　专家当即回答："女孩子接到男孩子的求爱信并不是坏事，这说明你已经成熟并能引起男孩子的兴趣和好感。你首先应该向他表示感谢。但是学生时代谈恋爱有许多不利的方面……"

　　另外，还有一个女孩失恋了，正处于痛苦中，她也写字条求助于专家，专家告诉她："早恋的成功率本来就不大，青年

学生没有社会经验，也不知道如何了解人。随着年龄的增长和社会生活条件的变化，必然会重新考虑婚姻标准。对于游戏式的早恋，只有自己斩断这根不结实的情丝。既然对方已经不爱你，你就没有必要为此而苦恼，你应该为这种解脱而高兴，赶紧把精力用在学习上，将来一定会有合适的爱情在等待你。"

早恋，即过早的恋爱，是一种失控的行为。青春期的女孩可以对异性爱慕，但必须学会控制这种心理的滋长和蔓延，更不能早恋。

青少年时期是人精力最旺盛、求知欲最强、长身体、长知识的金色年华；但此时青少年的生理和心理发育都不够成熟，待人处事还比较幼稚，性知识比较缺乏，性道德观念还未曾形成，中学阶段所谓的爱情是情感强烈、认识模糊的。相爱的原因往往极其简单，没有牢固的思想基础，比如，有的是受对异性的好奇心的驱使；有的是以貌取人，为对方的外表风度所吸引；有的是羡慕对方的知识和才能；有的是由于偶然的巧遇对对方产生好感等。他们没有认识到思想感情的一致是真正爱情的基础，观念、信念、情操是否一致是决定爱情能否成功的最主要的因素。青春期的女孩思想未定型，她们不可能对这些复杂的因素有科学、深刻的思考，也不可能真正了解自己和对方在这些方面是否真正一致。中学生的早恋好比驶入大海的没有罗盘、没有舵的船只，随时隐伏着触礁沉没的危险。这时期的女孩一旦堕入情网，往往难以克制自己情感的冲动，一旦彼此

表达了爱慕之情，便立即亲密地交往起来，常因恋爱占去不少学习时间，以致分散精力，严重影响学习和进步。她们中的大多数对集体活动开始冷淡，对集体产生了离心力，和同学的关系渐渐疏远。加上舆论的压力和家长、老师的反对，往往使早恋者有一种负疚感，思想上背上包袱，矛盾重重，忧心忡忡。这种情况会对女孩的身心发展造成障碍。

早恋，成功率极低，而那些意志薄弱者还可能铸成贻害终身的罪错。

当然，青春期的女孩们需要与异性交往，喜欢交友、重视友谊，有益于女孩的身心发展和自我完善。男女同学可以在一起踏青、划船、过生日、度假，以交上知心朋友，可以互相倾吐内心的烦恼，取得真诚的理解，寻找心灵的慰藉，共同探讨人生的奥秘，切磋学习中的疑难。男女同学之间的这种正常交往是一种纯洁的友谊，是值得鼓励的。但女孩一定要有清醒的认识，对这种友谊应该加以小心呵护，不能往"谈情说爱"方面联想，这种关系也绝对不可越轨。女孩在早恋面前一定要保持绝对的理性：

第一，要有清醒的头脑，认清是非。做事要有原则，明白什么事该做，什么事不该做。全面稳定地把握自己，不贪图一时的感情宣泄，而着眼于光辉灿烂的未来。

第二，处理感情上的一些纠葛时要坚决果断，不能像前面那位女学生那样情不可却、欲止又行，应该把自己的意愿向对方说清楚，崇拜、羡慕、同情、帮助是一回事，感情是另一回事，二者不可混淆。

第三，要戒除自己的一些性好奇、性模仿心理，认清自己的现实情况和小说、银幕上的人物是有区别的，而不能在好奇、模仿的心理支配下做出不该做的事来。

第四，和父母、老师、好友作思想沟通，参考他们的意见，争取得到他们的支持与帮助。

中学时代是打基础时期，将来从事何种事业还没有定向，对每个中学生来说，今后的生活道路还很长。中学时代的早恋十有八九不能结出爱情的甜果，而只能酿成生活的苦酒。

我好像喜欢上了一位男老师怎么办

有这样一则新闻，说的是一个初中女孩向老师求爱被拒后离家出走的事，大致是这样的：

这个女孩出生在农村，哥哥在城里打工供她上城里的重点中学，而她竟然喜欢上了自己的一个老师。当她向老师表白后，老师委婉地告诉她，她年龄太小，应该安心读书。表白遭到老师拒绝后，女孩竟然不去上学也不回家，家人非常着急，四处寻找，好不容易在一家超市找到她。家人并没有责怪她，女孩哥哥还劝她先好好读书，等将来学业有成，再谈感情也不

迟。可谁想到，女孩在家里人不知道的情况下，又一次偷偷地离家出走，哥哥在出来寻找的途中恰好在路上遇到了她。女孩坚决不跟哥哥回家，于是，哥哥动手打了她，还强行拉她回家。

她在出走前，还写了一篇日记："我确实长大了，我今年15岁了，一开始我问自己是不是疯了，真的觉得太不可思议了。现在我明白了，这是人生的必经之路，我不再迷茫了。经过反复思考，我发现我真的爱上他了。的确，我自己无法阻止自己。他有妻子和孩子，不过我依然爱上了他。因为他有一颗善良的心。我是从初一就开始发现的，我刚来这个城市，在黑暗里挣扎的时候，是他挽救了我。在我没有信心的时候，是他给了我信心，他让我重新站了起来。在我有危险的时候，他会不顾一切地帮我。为了我，他付出了很多。一开始我只是感激他，后来我对他一点点产生了依赖感，我发现我离不开他了。可那时，我只把他当作我的一个长辈。不过，现在我发现我不只把他当作老师，我爱上了他。"

青春期是女孩情窦初开的年纪，而与之接触最多的除了同学就是老师。这个年纪的女生最容易对稍长几岁的男老师产生一种爱慕之情，因为他高大、帅气、讲课慷慨激昂、语言幽默生动；而那些年纪稍大的男老师，也容易吸引年轻女生的眼球，因为他儒雅、绅士，即使最枯燥的课也能讲得生动活泼。于是，很多女生感叹：爱上男老师该怎么办？

　　基于这个问题，女生首先要让自己清楚，这只是一种爱慕而并非爱，爱与喜欢之间有很大的差距。那么，青春期女孩该怎样分清对老师的情感是爱还是崇拜呢？这当然要凭借一定程度的理性来厘清自己的情感，而这就需要冷静地思考一下下面的几个问题：

　　1.爱一个人或许不需要理由，但必须知道爱他什么，也就是他有什么特质吸引了你。

　　2.爱是相互的，爱一个人从某种角度讲，其实是意欲将自己的情感强加于被爱者。你必须明白对方的感受或意愿。你清楚老师被你"爱"的感受或意愿吗？

　　3.爱除了是一种感觉外，更需要责任心。爱一个人说白了是要对对方的一生负责，包括生老病死、包括贫穷与灾难，包括可能的他的移情别恋。任谁都有权利爱或被爱，但必须清楚自己的爱的储备是否足够对方一生的消耗。请认真清点自己的储备是否充足。

　　4.爱情也需要经济基础。在经济社会，没有除去经济、社会地位、人文环境的"纯粹的爱情与婚姻"，爱的双方必须拥有相对平衡的社会平台。

　　当明白这些以后，女孩还要明白，他并不是适合你的人。

　　首先，你们年龄上就有一定差距，人生经验和社会阅历上也有差距，人生观，价值观上也有不同点，当然这并不是很重要的问题。

其次，青春期的喜欢并不稳定。你们之间并没有相互了解，你之所以喜欢他，是因为你把他想象得比现实中完美了。而你现在只是情窦初开，等心理成熟以后，你就会发现其实你所选择的他并不是你想要的那种人。

最后，学生在学校里容易受到周围人的影响，可能你并不想谈恋爱，但是别人都在谈，于是你也去留意某一人，而实际上那个人并不一定就是你心目中的那个白马王子。

青春期的女孩要把对老师的爱慕转换为学习的动力，如果你把这种喜欢的感觉用得恰到好处，你会发现这是你学习的动力，还能促进你学习的劲头；但如果你觉得这是种不正当的想法，往往会使你成绩下滑，身心憔悴。喜欢老师没什么可怕的，相反，这是正常的。这表明你已经开始注意异性，并有了爱的能力，但你要把握住一个度，让它成为你黑白色学习生活中的一抹彩色，照亮你的心，把你的心映成彩色的！

突然收到男孩子写来的情书怎么处理

青春期的女孩们经常凑在一起聊天，聊的内容不外乎哪个女生被追、学校新选的校花是谁、哪个女老师的衣服很好看等。而今天，却是内向的小安的真情告白："有一天，我翻开语文课本，突然发现里面有一封信。我吃了一惊，谁会写信给我呢，并且是夹在书里？我急忙拆开了信。'安，也许你没有注意到我，但我一直默默地喜欢着你……'我的脸马上涨得通红，心里也不免有些激动，脑海中浮现出有'数学天才'之称的姜维那高大的身影和睿智的眼睛。我该怎么办呢？回绝他，会不会伤害他呢？不回绝？可是……现在我们都还是学生，并且学习压力这么大。我该如何面对这封情书呢？"小安说完，脸还是红扑扑的，小安说这是她收到的第一封情书，她自己也很意外，她这么普通，姜维怎么会喜欢她呢？

女孩子一旦到了青春期，身体发育逐渐成熟，很容易吸引周围的男生，于是，她们会被男孩追，会收到男孩子写的情书。情书是许多中学生表达爱的一种方式。一个情窦初开的女孩，当接到异性递来的情书时，脸红心跳是正常的心理现象。也许，在成长过程中，很多女孩都会遇到这样的问题——面对情书不知所措。

任何一个女孩子在被人追的时候，心理都是很复杂的。也许很惶恐，但是更多的是开心，毕竟有人追证明了自己是有魅力的。于是，有些女孩会禁不住甜言蜜语，接受了男孩的追求；也有一些女孩，出于好奇心，抱着"也不损失啥"的态度而试一试；更有女孩出于"这么出色的男生追求我，看我多有本事"的显摆心理而四处炫耀。这些都是感情堤坝的缺口，这个缺口一旦被打开，势必给自己带来摆不脱、甩不掉的烦恼和痛苦。

青春期女孩，面对给自己写情书、闯进自己平静生活的男孩子，有着欲拒还迎的矛盾心理是正常的，但一定要理智，把这封情书收起，当你收到情书时，千万不要因为不好意思或怕伤害对方而敷衍了事，态度一定要坚决。

青春期女孩对于感情尚未形成一个比较全面的认知，而且青春期是学习的最佳时期，最好不要涉及情感的纠葛。作为青春期的女孩，如果你遇到了收情书这种情况，应该怎么办呢？当然，这要根据不同的情况，采取比较适当的方法解决。

1.如果给你写约会字条或情书的人是一个道德品质很不错、很正派、很有自尊心的同学，你最好不要公开这个事情，长时间放一放，不予理睬，也可能他就知趣了。如果以后他还写约会字条或情书给你，你可以给对方回个信，感谢对方对你的感情，但是你的态度要坚决，不要让对方产生误会，断然表明态度——到此为止，今后仍是同学、朋友。

2.如果对方是一个道德不高尚的同学或校外人，要坚决回绝，明确告诉对方不要纠缠，不要无理取闹。你不要给他回信，不要赴约，冷淡他，不要给他任何可乘之机，有机会就警告他。

3.如果你碰上的是难缠的同学，对方甚至采取威逼利诱等手段，如用字条恐吓你，半路拦截你或故意在同学中玷污你的形象，你可以求助于同学、老师、家长甚至学校领导。对此不要害羞，更不要胆怯，你越害羞，越胆怯，越不敢告诉老师、家长或校领导，对方的胆子就越大，所以一定要勇敢些。

当然，更重要的是应检查一下自己，诸如自己是不是有轻浮的地方，自己的言行是不是有不检点的地方，自己是否对此问题有不坚决不明朗的地方，有意识地提醒自己注意和改正，接到约会字条、情书后要作好自我心态的调节，要用理智把握自己，做感情的主人，抑制自己的性冲动，使自己的青春期更丰富、更灿烂。

青春期的女孩们，被追，表明了你的魅力，的确值得高兴。你会觉得很甜蜜、骄傲，可是又不敢轻易答应他，害怕恋爱会给学习带来影响；但是，不答应，这份美好又将失去，这也是一种矛盾的心理。其实，最正确的办法是把这份羞涩的喜欢放在心底，兴奋过后，一定要把情书收起，把那份美好埋在心底，你们正处在长知识、长身体的黄金时代，世界观还未形成，缺乏必要的社会知识与经验，如果过早地陷入爱情的旋涡中，势必会影响自己的学业和身心健康。你要做的是，明确自己在青春期的奋斗目标，把精力重新投入学习中，这才是明智之举。

如何不伤感情地拒绝异性的求爱

小丽是个假小子，班上有些同学恋爱了，但是她知道早恋的危险，所以她一直与几个男同学保持"哥们儿"的关系。

然而，暑假的一个晚上，有个男同学在网上给小丽留了一封情书，写得很长，足足有几千字，内容大致是："在别人眼里，可能你是个大大咧咧、甚至连裙子都没穿过的女孩，但我正是喜欢你这点，毫无掩饰、不拘小节，和你在一起的每一秒，我都很快乐，自从和你接触以后，我发现你比其他任何女孩都可爱，我也不知道为什么，我觉得自己如果不把这些说给你听，我会窒息，请你做我女朋友。我知道，让你一时接受这些很难，但请你好好考虑。"

小丽有两个闺蜜——小芳和丹丹，小丽把情书给丹丹看了，丹丹笑了半天。第二天一大早，小丽就来找丹丹："这事儿就你知道，可别告诉别人哦，你说我怎么办啊？"小丽很苦恼。

"要不你接受呗。"

"什么，你开玩笑吧，这时候还拿我寻开心，我爸妈还不知道这事儿呢，要是知道，我不完蛋？"

"要拒绝是肯定的，但我觉得你不能直接拒绝他，毕竟你们以前的关系那么铁，他人也很好，人家写这份情书，也是需要巨大的勇气的，要是直接拒绝，肯定很伤害他，你们就连朋友都做不成了。"

"是啊，我担心的也就是这个，他经常帮我忙，我真的拿他当好朋友，那你说我怎么办吧？"

"写一封信，拒绝的信，但一定要注意，态度要坚决，语气要委婉。"

"对哦，这样很好，能避免见面拒绝的尴尬。可你知道，我的文笔很差劲，该怎么写？"

"拿笔来，我帮你，有我出手，还怕搞不定？"

作为女性，当我们得到所期望的求爱时，内心会感到莫大的满足和幸福，但当求爱的人是自己不满意或不能当作恋人来喜爱的对象时，就会感到莫大的苦恼。苦恼的根源在于我们既想拒绝这一爱情表白，又怕伤了对方的心。尤其在对方与自己有深厚友谊时，这苦恼就来得更为强烈。因为，一旦拒绝，友谊很可能会随着一句"对不起"而消逝。然而，不管多么困难，不能接受的爱情总是要拒绝的。对青春期的女孩来说，拒绝别人的求爱更是件不容迟疑的事。只是，要选择好方法和时间：

1.态度要坚决，不能模棱两可。拒绝对于对方来说难免是一种伤害，但不能因此而犹豫不决，否则会造成不必要的误会，这样，对彼此都会造成伤害。既然对方是对你有好感、追求你的人，那么，他对你的言行会非常敏感，不要给他任何希望，才能让他知难而退。

2.学会不伤自尊地拒绝对方。当然，这也是要根据对方的性格和人品而言的。

如果对方是道德品质好、真心实意求爱的异性，如果你希望能维持彼此间的友谊，你就要注意自己说话的方式，尽量

减轻拒爱给对方造成的心理伤害，也使对方更易于接受；同时，你必须设法维护对方的心理平衡，尽量减少对方的内心挫折。要让对方明白，你拒绝他并不是因为他不够好，而是出于自己的原因。具体说来，你不妨先对对方的人品和才华等加以赞许，然后说明你不能接受求爱的理由；说出的理由要合乎情理，最好从对方的角度提出有利的方面，让对方觉得拒绝也是为了他好。

3.选择合适的时机。合适的时机大致是对方求爱一段时间后。一般来说，不要在对方刚表白时立即予以拒绝，因为此时对方很难接受；但也不可拖延太久，令对方产生误会。当然，具体选择什么时机，要视具体情况而定。

4.选择恰当的方式。应该考虑到你们平素的关系和对方的个性特点，视情况选择冷处理、面谈或书信等方式，但建议你不要采用托人转告的方式，也不要在公共场合表达拒绝，因为这显得对对方不够尊重，还可能带来不必要的麻烦。

掌握关键因素，青春期女孩沟通无碍

  对青春期的女孩而言，主要的人际关系有三种类型：同伴关系、师生关系、亲子关系。当女孩在学习、生活上遇到挫折而感到愤懑抑郁时，向知心挚友倾诉一番，就可以得到心理疏导，从而令自己身心更健康，学习更有劲。而那孤僻、不合群的女孩，往往有更多的烦恼和忧愁，甚至会影响到她们正常的学习和生活。的确，无论任何人，没有真挚朋友是孤独的，不懂得怎么立于世是无法生存的，因此，每个青春期女孩都要学习一些赢得好人缘、正确沟通的方法。

同性为什么一下子关系亲密起来

刚进初中一年级的时候，好朋友丹丹、阿芳和小丽幸运地被分到了同一个班，报到那一天，她们就和一群女孩交上了朋友。

第一天，班主任老师给大家调座位，丹丹很想和小芳或者小丽一起，但她俩已经被老师安排在了一起，于是，丹丹降低要求，只要老师安排一个性格好一点的同桌就可以。谁知，老师竟然安排一个性格内向的男孩和她做同桌，老师的理由是，丹丹可以带动这个男孩和周围的人交流。"哎，原来老师对每个人都有备案的呀！"丹丹长叹一口气。可是，随着时间的推移，丹丹觉得自己越来越和这个男同学相处不下去了，有些话根本不可能和一个男生说，比如，每月那几天身体不舒服，那男孩总会问丹丹怎么了，丹丹当然不好说。她觉得和男孩子做同桌很不方便，可是，她又不知道怎么和老师说。

那些天看丹丹总是闷闷不乐，妈妈就主动找丹丹谈话，了解了情况后，妈妈给丹丹出了个主意："妈妈明白你的想法，青春期来了，身体发育了，心理也成熟了，和男生相处也不像以前那样无所顾忌了，是不是有点不自在？要是这样的话，我觉得你可以给老师发个邮件，或者给老师写封信，毕竟当面肯

定不好说。"

"嗯，是啊，老师肯定也明白，我就给老师发份邮件，听您的。"

事实上，处于青春期的男孩女孩，随着身体的发育，都会一下子和同性关系亲密起来。在这一点上，青春期的女孩更为明显。

女孩一旦到了青春期，身体开始发育，对性别也开始有了与以前完全不同的认识，开始明白了男女有别；而同时，女孩会发现，自己与同性密友之间才有更多的共同语言，大家在身体上会有同样的苦恼，在生活中有同样的烦恼。毕竟，有句话说得好："物以类聚，人以群分。"一般人都爱选择那些与自己志趣、爱好、脾气、个性、理想相同或相近的同伴为友，也是因为这个道理。在这些方面合得来的两个人，一般会成为朋友，因为，彼此的相似性，不但可以给自己的心灵以安慰，还能让自己有一种安全感和归属感，从而在各种交往和活动中加强、加固相互间友谊的纽带。

青春期的女孩要明白，和同性之间的友谊值得珍惜，但与男同学之间的交往同样重要，这对提高自己有积极的作用。

1.有利于实现个性完善

青春期一般是异性封闭期，而男女个性差异比较大，通过相互间的交往和交流，能使他们在个性发展上更丰富、更全面。每个青春期的女孩最终会成为一个成熟女性步入社会，成为社会中的一份子，交往范围越广泛，和周围生活的人联系越多样化、越深刻，女孩的精神世界也就越丰富，个人发展也越全面。

2.有利于异性之间的情感交流

从情感差异方面看，女生情感较丰富、敏感、细腻、不外露，富有爱心和同情心，而男生则比较外露、粗犷、豪放。青春期女孩和男孩的相互接触，有利于情感的健全。

3.有利于丰富思维类型

性别不同，思维习惯和类型也不同，当然，这并不是说男女生的智力水平有很大差异。如在思维方面，女性擅长右脑思维，即更多地偏向于形象思维，凭直觉观察事物，更善于靠人际关系来办事；而男性擅长左脑思维，即逻辑思维，常常用抽象、逻辑推演去处理事情。女孩和异性之间交往，有利于思维类型的丰富。

当然，女孩和男孩交往的时候，要适度，总之，在和朋友交往的时候，要择益友，不要过多地在乎对方的性别，对那种与自己不同的、个性气质和能力可以互补的人，要自觉地交往。这些更利于自己在知识上、处世能力上、个性成熟上的较快且全面地成长和发展。

因此，青春期的女孩们，当老师把你和男生安排在一起时，你的心情可能会有一些不安，但无论如何，你要懂得，与异性交往对自己的成长有很大的好处，因为与自己差异较大的异性往往会给自己更多的启发，且能开阔自己的视野，使自己

学到和看到另一种思想境界和性格特征，学会同各种类型的人打交道、处世的本领，以增强自己宽容和理解别人的能力，为今后真正走上社会、开拓事业打下良好的基础。

有针对性地改变自己，拥有良好的交往品质

周五的最后一节课，语文老师以"我最烦恼的事"为话题，给大家布置了一篇话题作文。第二周的作文课上，老师点评了一篇作文，是来自于班上一个学习成绩较好的女生的，其中有这么一段：

"我是一个女生，性格还是比较外向的，长相虽然算不上出众，但是自我感觉还可以，学习也不错，班里前十名。可是我人缘不好，可能是我比较好强，看到别的女生周围有一堆男女生和她说话，我就有点不自在。女生还好点，尤其是男生，好像都很反感我，看到他们和别的女生闹我也想去玩，可是不知道怎样加入他们。听我一个好朋友跟我说，她的同桌跟她说比较反感我，也没有说原因，还说不许我那个好朋友告诉我。虽然我是知道了，可是我很无奈，也许是因为我不善于说话吧，因为我真的不知道该怎样和男生交谈，怎样才能让别的同学喜欢和我说话、有共同语言。我到底该怎么办？"

老师念完以后，班上已经一片哗然，因为，虽然老师没说

出这个女孩的名字，但同学们已经猜到了。老师补充道："我把这篇作文读出来，并不是这篇作文写得好或差的关系，也不是对这个女同学有任何的意见，只是为了引出一个需要重视的问题，希望所有同学，以后不管怎样，都要相亲相爱，毕竟我们是一个集体，我不希望有任何同学感到这个集体很冷漠。"

这次作文课上完后，那个女孩好像得罪了很多人，和她说话的人更少了。

不受同学欢迎，人缘差，这的确是困扰青春期女孩的一个问题。每一个女孩都希望自己受大家的欢迎，能融入周围同学中，而如何做到让别的同学喜欢你，女孩要从自身找原因，这样才能有针对性地改变自己。女孩可以先和好朋友聊聊，再回想下自己在哪方面做得不够，也可以让她们帮忙问问班里的其他同学为什么不喜欢你。你也可以拿张纸出来，写出你认为班上受欢迎的女孩交际好的原因、为什么受欢迎，比如，她说话的方式、内容，再与自己作对比，也就能找出原因了。

其实，与人交往并不是难事，只要拥有良好的交往品质，这包括：

1.自信。自信是人际交往中一个重要的品质，因为，只有自信，才能将自己成功地推销给别人认识，无数事实证明，这类人更易赢得他人的欢迎。自信的人总是不卑不亢、落落大方、谈吐从容，而决非孤芳自赏、盲目清高。他们对自己的不足有所认识，并善于听从别人的劝告与帮助，勇于改正自己的

错误。要培养自信，就要善于"解剖自己"，发扬优点，改正缺点，在社会实践中磨炼、摔打自己，使自己尽快成熟起来。

2.真诚。"浇树浇根，交友交心。"想要交到真正的知心朋友，就要学会真诚待人，真诚的心能使交往双方心心相印、彼此肝胆相照，真诚的心能使交往者的友谊地久天长。

3.信任。在人际交往中，信任就是要相信他人的真诚，从积极的角度去理解他人的动机和言行，而不是胡乱猜疑，在心里设防护墙，因为信任是相互的，尝试信任别人，你也会获得信任。美国哲学家和诗人爱默生说过：你信任人，人才对你重视。以伟大的风度待人，人才表现出伟大的风度。

4.自制。与人相处，经常可能会因意见不同、误会等原因发生摩擦冲突，而面对摩擦时，学会克制自己的情绪，就能有效地避免争论，"化干戈为玉帛"。青春期女孩，要想克制自己，就要学会以大局为重，即使是在自己的自尊与利益受到损害时也要如此。但克制并不是无条件的，应有理、有利、有节，如果是为一时苟安，忍气吞声地任凭他人无端攻击、指责，则是怯懦的表现，而不是正确的交往态度。

5.热情。在人际交往中，热情的人总是不缺朋友，因为别人能始终感受到他给的温暖。热情能促进人的相互理解，能融化冷漠的心灵。因此，待人热情是沟通人的情感、促进人际交往的重要心理品质。

人际交往是一门学问，青春期是培养交往能力的重要时期，也是积累人生阅历和社会实践能力的重要时期之一。拥有良好的交往品质是交往的前提，青春期女孩应该把心打开，让自己融入集体，让自己人生的重要时期多姿多彩！

多参加一些有益于身心发展的聚会

这几天丹丹一直很苦恼，好像有什么心事，每天一回家就数抽屉里那点零花钱。妈妈发现了丹丹的这一举动，她猜想，这丫头是不是要买什么东西，又不好意思跟父母开口。于是，妈妈对她说："丹丹，该买的东西妈妈都会给你买的。"

"不是这事，妈妈，最近我们班要办个活动，需要每人交三十块钱。"

"什么活动？"

"其实，也不是什么重要的活动，我都不想去，是班长组织的，说我们马上要升初中三年级了，想办个聚会，可以多交流一下学习心得之类的。"

"这是好事啊，应该去呀。"

"妈妈，你也知道，我就几个玩得好的朋友，所谓的聚会，我猜估计就是在一起吃吃喝喝，哪里真是交流什么心得呀？而且，现在学习这么紧张，这不是浪费时间和金钱以及精力吗？但大家都已经交钱了，我一个人不去，我又怕人家

说我。"

"你考虑得的确挺多，但是你想，既然学习很紧张，你可以把这次聚会当成一次放松的机会呀！妈妈觉得你们班的这次聚会还是有意义的，正是因为大家平时各安其事、不相往来，何不趁这次机会，大家重新认识一下彼此，你说呢，丹丹？"

"妈妈说得对，说不定，我还能交到新朋友呢！"丹丹脸上紧皱的眉头一下子舒展开了。

很多青春期的女孩忙于繁忙的功课和三点一线式的生活，每天的生活紧张又千篇一律，慢慢地，和同学疏远了，和朋友疏远了，生活也变得枯燥无味。因此，一些有意义的聚会，青春期女孩可以多参加。它的好处有：

参加此类聚会最重要的益处就是能锻炼一个人的交际能力。青春期是每个女孩甚至每个人跨入社会的前奏，社会是人生的大课堂，作为即将成为社会人的青春期女孩，多参加有意义的聚会，能让女孩学会与人交际应酬，锻炼自己说话的能力和为人处世的能力，并结交不同的人，这对于青春期女孩的智力、人格、性格等方面都有积极的影响。

另外，参加一些有意义的聚会，如同学聚会，还能联络女孩和同学之间的感情，拉近和同学之间的距离，让女孩更受同学的欢迎。女孩一旦到了青春期，就会自动地疏远异性，一般情况下，只生活在自己的小圈子内，实际上，异性之间的适度交往，对于青春期的女孩是很有必要的。

再者，参加聚会也是适当调节学习压力和吐露心事的一个重要方法，毕竟同龄人之间有着太多的相似点，面对每天同样紧张枯燥的学习生活，大家更容易引起共鸣，相互之间的交流能减轻生活和学习的压力，彼此之间的鼓励也会让女孩鼓起勇气和信心，继续努力学习！

因此，女孩参加有意义的聚会是有益处的，当然，这个前提是参加有意义的聚会。那么，通常情况下，哪些聚会是没有意义甚至是有害的呢？

1.网友之间的聚会

随着网络的盛行，很多青春期女孩喜欢在业余时间泡在网上，也就容易认识一些网络朋友。很多青春期女孩更是单纯地认为网络中有纯真的友谊和恋情，甚至与网友一起聚会，其实，这是很危险的。青春期女孩对待网络朋友一定要慎重，更不可单独的与网络朋友聚会。

2.以奢侈消费为前提的聚会

现代校园中，攀比之风盛行，一些女孩子，三天两头聚在一起，谈论一些不适宜未成年人的话题，实际上，这些聚会也是无意义甚至是有害身心健康的。其次，以这种方式交往的朋友充其量也只是酒肉朋友，不是真正的益友。

3.与社会不良人士之间的聚会

事实上，我们发现，社会上有一些黑社会帮派，总是喜欢把魔爪伸进学校，因为学生相对单纯，更容易为其所用，而他

们惯用的伎俩就是用物质诱惑学生，还打着所谓的交朋友的旗号。青春期的女孩一定不要参加这样的活动，一旦交友不慎，后果不堪设想。

因此，青春期的女孩们，你可以多参加一些有益于身心发展的聚会，而要避开那些无意义的活动，让自己远离危险禁区！

青春期女孩要有自己的择友标准

青春期是每个女孩的人格发展和形成期，这期间，交什么朋友，与什么样的人交往，会对女孩的一生形成影响，不但影响着自己的言行、穿着打扮、处世方式、兴趣趣味，还影响着女孩自身的价值观、对自我的认识。

交友应该是有所选择的，而且要从善而择，和好人交朋友，自己才能提高、完善。所谓"与善人居，如入芝兰之室，久而不闻其香"，长期与一个人在一起，自然会受到潜移默化的影响。那么，青春期的女孩们应该选择什么样的人做朋友呢？

这个问题不能笼统而论。因为每个人的需要是不一样的，所以择友上也有不同的标准。不过，择友是有一些规则的。古人云："择友如择师。"现实生活中，一般人都喜欢找各方面或某一两方面比自己强的人做朋友。以强者、优秀者为自己平时行为举止的榜样，这一点，在青春期青少年中尤为明显。比

如，有的女孩指责同伴中的某个女孩"喜欢当官的，尽跟班干部在一起"。其实这个女孩的选择是对的。这是她的一种交友之道，无可厚非，同时，这也是出于一种使自己迅速强大起来、建立理想自我的愿望。况且，在同龄人中，见多识广、有能力的人更容易引起周围人的关注，更容易交到朋友。当然，每个人都有每个人的长处，见到别人的长处，应该学，见到别人的短处，应该戒。不可盲目自满或自悲，只要自己肯学习、肯修正自身的不足，将来一定会有作为。

总的来说，青春期的女孩在交友上应该做到以下三个方面：

1.拓宽自己的交友面

青春期的女孩要学会广交朋友以完善自己，扩大自己的交友圈子，接纳不同类型的朋友，多层次、全方位的朋友对自己的发展无疑是有益的，当然，应该把那种见利忘义、损人利己的"小人"排除在外。另外，要有宽阔的胸怀，对于你的朋友的过错，也要尽量包容，毕竟"人非圣贤，孰能无过"。同时，如果有一两个敢于直陈己过、当面批评你过失的诤友，那你应该庆幸，这是真正的朋友。

2.善于观察，交益友

古语云：近朱者赤，近墨者黑。是否能交到益友，关系到自己的一生。所以，择友的过程，一定要谨慎。在还未了解对方基本品质之前，仅凭一时的谈得来和相互欣赏就急急忙忙贸然地把自己的信任与情感全盘托出，是容易为以后不良关系的

展开埋下伏笔的。尤其是女孩子，更要注意，朋友要广，但不能滥交，要恪守"日久见人心"的古训，通过与对方多次交往与活动，通过观察对方的言谈与举止，洞悉对方的个性、爱好、品质，觉察他的情绪变化，从而判断他是否值得深交。

3.与不良朋友划清界限

孔子曰："益者三友，损者三友。"青春期的女孩交上好的朋友，有利于自己学习进步和个人身心全面发展，一生受益无穷。但青春期是个缺乏社会经验、缺少分辨是非能力的年龄，女孩在交友上一定要慎重，要和有道德、有思想、有抱负的人做朋友，要和遵纪守法、正直、善良的人做朋友，要和学习认真、兴趣广泛的人做朋友，而对于那些不良朋友，一定要划清界限。有些女孩受周围不良朋友的影响，拜金主义、享乐主义思想不断滋长，追求奢侈的生活作风，放纵自己，不仅荒废学业，还有可能走上违法犯罪的道路。

每个青春期的女孩在与人交往的过程中，都要有自己的择友标准，要多交益友，并懂得学习朋友身上的长处、避其短处，这样，你们的人格、性格、能力等很多方面都会更加完善！

你的室友，是没有血缘的姐妹

薇薇上了高中以后，就开始住校了，她远离了爸爸妈妈，

开始自己的生活。住校的第一个晚上，薇薇躺在床上，心里忽然涌起一种孤独感，眼泪不自觉地落了下来。这时候，一条洗好的毛巾递了过来，一个室友正对着她笑："擦擦脸，初次离开家门都会不习惯的，慢慢就好了。"薇薇不好意思地抽泣着说："我没什么，就是想哭。"这时候，薇薇发现同寝的另外两个女孩子眼里也噙着泪花，估计也是想家吧。这时，那个递毛巾的女孩说话了："好了，从现在开始我们就是一个整体了，大家有福同享有难同当。"说得大家都笑了起来。

第二天，薇薇在室友的陪同下配了眼镜，大家相处地其乐融融。对面一些寝室的女孩子经常吵架，可是薇薇所在的寝室从没有过，她们四个，像亲姐妹一样。

年轻一代的青春期女孩，基本上都是独生女，都有鲜明的个性，她们没有兄弟姐妹，没有品尝过与别人分享的快乐，更倾向于独立思维。她们又是知识面最广的一代，因为互联网已经把世界连在了一起。牢固的基础知识与丰富的信息造就了女孩们敢于挑战敢于负责的特性。但是，她们也有自己的弱点：没有兄弟姐妹使她们少了宽容与忍让；父母的溺爱让她们变成了不会做家务的小懒虫；一直处于竞争中的她们往往缺乏团结互助的精神。于是，很多女孩在学校的集体生活中会显得不适应，其实，女孩要明白，你的室友，是你没有血缘的姐妹。

如果与室友相处不好，会影响心情，甚至影响学习。因此，学会如何和你的这些姐妹相处，就成了你进入集体宿舍生

活应该学习的第一堂课。

1.要反省自己

如果寝室里个别室友对你有意见，可能是对方的问题，但如果你在寝室被孤立或者被众人排挤，估计就是你的问题了。此时，你要做的就是反省自己，然后重新树立在室友心中的形象，搞好与她们的关系。

你试想一下，你是不是太"自我中心"了——凡事很少为别人着想，自己想怎样就怎样，或对寝室的公共事务不怎么关心，只顾及自己的那块小空间，不喜欢别人触及你的生活范围，不关心公共卫生，不关心其他人，不懂得和别人分享，处处防着别人。可能你觉得这些是无所谓的小事，但时间一长，你和室友的关系就会变得冷淡。

要想与室友友好相处，只有改变自己，从小事做起，手脚勤快一点，提水扫地要表现积极。当然，做这些事情要表现出诚心，而且需要坚持下去，凡事多为别人着想一点，自然会改善你与室友的关系，并令你结交很多的朋友。

2.不妨碍别人

同"时刻想着别人"这个道德高标相比，不妨碍别人应该是做人的底线，也是最容易做到的。我们不可能时刻想着别人，有时候我们连自己都会忽略。但是，不妨碍别人是我们必须想到和做到的。当你挑灯夜战时，是不是妨碍了别人的休息？夜深人静的时候，走路是否会踮起脚来？当寝室里别人的

床铺都整洁干净的时候，你的衣服乱丢，影响了整个寝室的卫生环境，甚至把班级的分数也拉了下来，这样是不是也妨碍了别人呢？

3.要学会大度、宽容

同寝室的姐妹，一般来自不同的地方，各人个性不同，生活习惯不同，要学会彼此尊重和包容。人都是重情谊的，你帮她，她也会帮你，互相帮助中，友谊更加深厚。在深厚友谊的基础上，彼此给对方提一些意见，对方是很容易接受的。只要不是什么原则上的大错误，就不要斤斤计较，要多包容。

4.要正确看待每个人的长处和不足

人无完人，金无足赤。如果你发现室友出门后彬彬有礼而在寝室里甚至有点粗鲁，可能正说明她真的把寝室当作可以随便表现自己、无须设防的家了。不能因为谁有某种不足就讨厌她，只要这个缺点不是品质上的、不是道德问题。大家能够走到一起，本身就是一种缘。

5.帮助别人和关心别人

经常帮助别人的人，自己也会得到别人的帮助。比如，室友肚子疼了，给她灌一个热水袋，倒点热水；室友哭了，送她一块纸巾，拍拍她的肩膀，不用说话就能把关心传递过去。这都会让你和姐妹们的感情升温。

6.控制自己的情绪

"血气方刚"是年轻人的专利，情绪失控时人往往会造成

很多悲剧。当你被激怒时，或者当你觉得自己血往上涌、只想拍桌子的时候，千万要转移注意力，或者数数，或者离开那个环境。当你学会控制情绪时，你就长大了。

青春期的女孩们，你要知道，与别人相处是一种能力，这种能力，需要你不断纠正自己才能得到提高。现在不会和同学相处不要紧，但要去学，观察周围的同学，从中吸取精华，或者多看一些有关修养方面的书籍。

尊敬、爱戴老师，他们是你的第二个家长

丹丹的物理老师姓张，是一位有三十多年教龄的老教师，已经当祖母了。她热爱自己的工作，觉得必须对她的学生负责，不这样，就不配做一名教师。

最近，张老师发现不少男女学生之间热衷于"交朋友"。有的过生日时互赠礼物，生日卡上写了许多双关的、缠缠绵绵的话；有的传递小纸条竟不顾时间和场合，上课时间也进行；有的还在小纸条上以爱人相称，令人肉麻。更为严重的，有些女孩还和社会上的人有往来。小小年纪，刚上初二，就搞这些名堂，这怎么得了？若放任不管，这些孩子走了下坡路，作为班主任，我对得起谁？想到这，张老师下决心解决这一问题。

有段时间，张老师发现班上有个女生和校外的人谈男女朋

友。正巧有一天，她在收发室碰到那名女生。

"你在外边交男朋友了吗？"与此同时，她用严肃的目光审视眼前这位女同学的脸色。

"没有。"女同学不安地回答。

"没有？若是我拿出证据来呢？"张老师说着，拿出拆过的信，在女同学面前晃了晃。

"私拆别人信件，这是犯法。"女同学被激怒了。

"犯法？教育学生犯法？告诉你，这信我还就不交给你了，我交给你的家长，看他们说谁犯法……"

女学生在这种情况下，两眼喷火，恨不能上前咬这位特别"负责任"的老师一口。

张老师为这事，确实操碎了心。可是，没有谁理解她。

可能很多女孩会和丹丹那个同学一样，因为老师对自己管得过于严格而厌恶老师。其实，不管老师做什么，他的出发点都是为了你、希望你能成人成才，老师是你的第二个家长，对于老师，你要理解。当你对老师有了不良情绪的时候，多从自己身上找原因，多从自己这里找出路。因为老师也是人，我们应该容许人家有不足。而且老师是恩人，不管你承认不承认，也不管他喜欢不喜欢你，他在课堂上给你的不比给别人的少。学会尊重他，你会收获不少的！

另外，青春期的女孩恐怕都有这样的体会：与哪个老师关系比较融洽，喜欢上哪门课，哪门成绩就好；如果与哪个老师关系

不和谐，则会殃及那门课。这大概就是爱屋及乌的反映吧。学生的大部分时间在学校里，就免不了和老师交往，那么，青春期女孩该怎样与老师交往，怎么和老师搞好关系呢？

1.尊重老师，尊重老师的劳动

有人说，教师是太阳底下最光辉的职业，这句话一点也不假，老师从踏上岗位的那一刻起，就无私地奉献着自己的青春。老师对学生严厉，也是希望学生学好，要问老师希望得到什么回报的话，就是希望看到学生成才、成熟，希望看到学生从自己那里学到最多的知识。

因此，青春期女孩，不管老师怎样严格要求你，你都要理解老师、尊敬老师，见到老师礼貌地打声招呼。另外，用实际行动尊重老师的劳动：上课认真听讲，不破坏纪律，把老师留的作业保质保量地完成。尊敬老师，尊重老师的劳动，是师生和谐相处的基本前提。

2.勤学好问，虚心求教

可能，你会认为"那个老师并不怎么样""他的水平太低了"，等到你长大以后，你会知道这种看法和想法是多么天真。因为，不管老师水平到底怎样，老师之所以能成为老师，必当够格教你知识。老师的年龄、学问、阅历以及在某门课上的水平肯定是高于你的。

所以，要向老师虚心求教，好问不仅直接使学习受益，还能增多、加深和老师的交流，这样，无形中就缩短了与老师的距离，每个老师都喜欢肯动脑筋的学生。其实，向老师请教问题往往是师生间交往的第一步。除班主任外，任课老师并没有多少时间和学生直接交往，常向老师请教学习上的问题会加深师生彼此的了解和感情。

3.犯了错误要勇于承认、及时改正

人无完人，青春期的女孩都会犯错，而老师一般都能理解，并都愿意指正你的失误。而有的女孩明知自己错了，受到批评，即使心里服气，嘴上也死不认错，与老师搞得很僵。也有一些女孩，"一朝被蛇咬，十年怕井绳"，受过老师一次批评，心里就特别怕那个老师，认为他是对自己有成见。这都是没必要的。错了就是错了，主动向老师承认，改正就是好学生。老师不会因为谁有一次没有完成作业、有一次违反了纪律就认为他是坏学生，就对他有成见。大部分老师是会全面、客观地评价学生的。

4.正确对待老师的过失，委婉地向老师提意见

在有些学生心里，老师就是完人，老师不应该犯错，实际上，这种想法是不正确的，老师也是人，也会犯错，也会有失误。其实，根本不可能存在没有缺点的人。老师不是完美的，也许他有的观点不正确，或误解了某个同学，甚至有的老师"架子"比较大，或是太严厉，这都是可能的。心理学的研究发现，人们会对没有缺点的人敬而远之。

当你发现老师的不足时，要持理解态度，向老师提意见

时，语气要委婉，时机要适当。相信老师会感激你的指正。如果老师冤枉了你，不要当面和老师顶撞，这样不但无助于问题的解决，还会恶化师生的关系。暂且忍一忍，等大家都心平气和再说。不管怎么说，老师是长者，做学生的应该把他们置于长者的位置，照顾老师的自尊心和面子。

青春期的女孩们都要像对待父母一样对待你的老师，要把老师当成你的第二个家长，要尊敬、爱戴你的老师，和老师搞好关系，因为与老师关系融洽既可以促进学习，又可以学到很多做人的道理，会使你一生受益无穷。

第五章

会交友，交益友，做个受人欢迎的女孩

　　女孩到了青春期，就是一朵盛开最美丽的花，这一季花期，女孩一定要开得灿烂。这个年龄段也是未成熟到成熟的转型期，更是由未成年到成年的衔接期，女孩要开始学习怎样做个社会人，为跨入社会做个热身。学做社会人，就要掌握一些人际交往的技巧，学会一些交谈的技巧；就要学会和父母相处、和同学相处、和身边的每一个人相处；就要拥有一些品质和精神。丰满自己的个性，给别人喜欢自己的理由，你的青春就是灿烂的！

良好人际关系从主动打招呼开始

青春期的女孩走出家庭和学校，展现在她们面前的是一个纷繁复杂、瞬息万变的大社会。与人主动打招呼是每个社会人都具备的交往技能，因为每个人一踏入社会就必须与人交往。社交在每个人的生活中占据着重要的位置，社交成功，就意味着彼此喜欢、彼此信任，并愿意互相帮助、互相支持。要想取得社交的成功，女孩必须跨出第一步，从主动与人打招呼开始！

主动与人打招呼涉及以下几个方面：

第一，问好：走在路上或在公共场所，遇见相识的人时，应该主动打招呼，问候致意，可以说"您早""您好""早上好"等。别人向你打招呼以后，也要应答致意，否则会被认为不礼貌。有时也可面带微笑，注视对方并点头致意，这也是一种向人问候的好方法。遇到比较熟悉的朋友，除了问候致意外，还可以问问对方家人的情况，并请他代为问候。

第二，称呼：称呼是指人们在正常交往应酬中彼此之间所采用的称谓语。在日常生活中，称呼应当亲切、准确、合乎常规。正确恰当的称呼，体现了对对方的尊敬或亲密程度，同时

也反映出自身的文化素质。

称呼他人的亲属，要用敬称。一般可在称呼前加"令"字，如"令尊""令堂"。对其长辈，也可加"尊"字，如"尊叔""尊祖父"等。

朋友、熟人间的称呼，既要亲切友好，又要不失敬意，一般可通称为"你""您"，或视年龄大小在姓氏前加"老""小"相称，如"老王""小李"。

第三，询问。向陌生人询问，这种看似平常的一句问话，实际上会反映出一个人的修养和文明程度。

向人询问时，首先要选择合适的称呼语，如"小姐""先生""师傅"等。不能不加称呼、直接用"喂"来代替；也不能使用一些不礼貌的称呼，如"老头""戴眼镜的"等。

其次，应学会使用请求语，如"麻烦您""劳驾"等。问路时，可用"请问"开头；咨询政策法规或有疑惑的问题时，可以说"我想请教一个问题"；需要有劳别人时，可说"麻烦您""劳驾您"等。

再次，对方答复你的询问时，你应神态专注，不能目视左右、心有旁骛。询问完毕，应向对方表示感谢，语气应恳切，态度要真诚。

这都是与人打招呼的几种情况，与人打招呼是与人交往的第一步，做好这一步，就能克服很多心理上的交往障碍！

礼多人不怪，女孩谦恭好处多

经过妈妈训练后的小桃，俨然是一个知书达理的淑女，与人交谈，谦恭有礼。一次，妈妈的同事打来电话，喊妈妈去打牌。

"阿姨好！"

"是小桃吧？"

"阿姨，是我，我妈妈刚才出门买菜去了，有什么话，您方便跟我说吗？"

"其实，没什么大事，我们家明天晚上有客人来，我希望你妈妈也来，大家围在一起好好玩一桌。"

"您放心，我一定帮您跟我妈说。"

"王姐的女儿果然很懂事，谢谢你了啊。"

"不客气，这是我应该的。"听完阿姨的夸奖，小桃已经心里乐开了花。不一会儿，小桃妈妈就回来了，小桃主动给妈妈开了门，并把事情的经过说了一遍，妈妈拍了拍女儿的肩膀说："女儿，进步了不少，懂得以礼相待了，一会儿妈妈做好吃的奖励你。"

所谓礼仪，是在人际交往中以一定的、约定俗成的程序方式来表现的律己敬人的过程，涉及穿着、交往、沟通、情商等内容。从个人修养的角度来看，礼仪可以说是一个人内在修养和素质的外衣，体现了一个人的精神面貌和学识、素质等。从交际的角度来看，礼仪可以说是人际交往中适用的一种艺术、

一种交际方式或交际方法，是一种对人尊重且礼貌的约定俗成的表达方式。

实际上，女孩懂礼仪，更显谦恭、明理、大方，因为礼仪是塑造形象的重要手段。在社会活动中，交谈讲究礼仪，可以变得文明；举止讲究礼仪，可以变得高雅；穿着讲究礼仪，可以变得大方；行为讲究礼仪，可以变得美好……只要讲究礼仪，事情都会做得恰到好处。总之，女孩讲究礼仪，就可以变得充满魅力。

具体讲，女孩讲礼仪，需要把握以下五个修炼重点：

1.从"爱"出发。这个世界，因为有爱才更美好，一个人，如果不懂得爱身边的人，那么，他的人格是不健全的。"仁者，爱人"，青春期的女孩，要爱父母、爱老师、爱朋友、爱家庭、爱学校、爱国家，不存在爱，就不存在谦恭礼让。

2.敬人，人恒敬之。只有先尊敬别人，才会赢得别人的尊重，尊重是相互的。青春期女孩不仅要对同龄人尊敬，更要敬长辈、敬师长，"敬"是待人处世的基本态度。

比如，女孩可以做到：早上走进校门，对早到的老师点头致意，喊一声"老师早"；在校园里行走碰见不认识的老师时候，也不忘笑着叫一声"老师好"；当你有问题请教老师或者同学的时候，不要忘记说"谢谢了"；当你和老师在狭窄的楼道遇到，正是"狭路相逢"的时候，要记得让老师先走；老师生病了，课间也关切地问候一下……

3.要有礼让的风貌。孔融让梨的故事，每个女孩都知道，可是，在现实生活中，真正做到这一点的，实在不多。谦让、礼让是美德之本、礼仪的精髓。对此，女孩要始终保持自己礼让的风貌：与人方便自己方便；退让一步海阔天空；荣誉金钱乃身外之物，见利思义……

4.不同的人，需要"区别"对待。生活在女孩周围的人，各有不同的地位、身份和社会关系，与不同的人相处有不同的礼仪要求，必须恰如其分地加以区别和应对，不可混乱礼数、有失分寸。谦恭礼让也应区别对象，女孩要随机地把握好谦恭与礼让的尺度。

5.以人际关系的和谐为最终目标。青春期的女孩在社会交际中待人接物时，要"礼之用，和为贵"。这样，人际关系自然也就和谐了。

6.切实履行谦恭礼让，把一切落实在行动上。把握"仁爱、恭敬、礼让、区别、和谐"这五方面修炼要点是重要的，但更重要的是落实具体行动。

总之，每个青春期的女孩都应该自觉加强实践、主动修炼，使自己成为谦恭礼让、彬彬有礼的人。谦恭、遵守礼仪当是自己对自己的要求，也是父母对你们的期望，更是整个社会赋予你们的责任，有谦恭礼让的风貌，才能传承中华文明，登上时代的舞台。

轻松上阵，与陌生人交流不紧张

这天，妈妈不在家，15岁的妮妮一个人在客厅看电视。突然，门铃响了，妮妮通过猫眼看了看，是个不认识的人，便马上给妈妈打电话，原来是妈妈以前的一个大学同学。

"妮妮，帮妈妈接待下阿姨，妈妈一会儿才能回去。"

接到妈妈的命令，妮妮一点儿都不含糊，在给阿姨泡茶、切了水果后，妮妮便和阿姨聊了起来。过了会儿，妈妈回来了，阿姨对她说："你家妮妮真是个懂礼数的孩子，而且，谈吐大方，我们第一次见面，她一点也不怯生，你真是教导有方……"

生活中的女孩们，你有独自与陌生人说话的经历吗？会不会紧张？案例中的妮妮是个善于与人打交道的女孩。事实上，在任何人的内心，都希望能大方地与人交往，获得良好的人际关系，但阻碍人们的，也正是人们自己。很多人不敢主动出击，怕对方不理自己，然而，人与人交往，都有个从陌生到熟悉的过程，俗话说"一回生二回熟"，只要你走出第一步，别人就会跟上来。

青春期女孩初入社会，人际交往的能力欠缺是影响她们人际交往的因素之一。有的女孩在日常生活中已经体会到，自己往往想关心别人都不知从何做起；想赞美别人却不知从何开口；想协调人际关系却越协调越复杂；想与人为善却控制不住自己的冲动而语言生硬。人际交往能力是一个人的知识、人品、修养以及各种心理能力的综合，反映了一个人的综合素质，而如何与陌生人沟通，则是一个考验人际交往能力的重要方面。

那么，在生活中，如何与陌生人沟通呢？

1.摆脱陌生人情结

你不必刻意伪装自己的紧张，不过也要表现出你的诚意。其实每个人跟陌生人交谈时内心都会不安，一定要自己先放下陌生人情结。这样，与之交谈的时候，才会显得随意轻松。在谈话时要关注对方的表现，如果对方不感兴趣，就得改变你谈的话题了。

2.做到思想放松，没有顾虑

心理学家詹姆斯说过："与人交谈时，若能做到思想放松、随随便便、没有顾虑、想到什么就说什么，那么谈话就能进行得相当热烈，气氛就会显得相当活跃。"抱着"说得不好也不要紧"的态度，按自己的实际水平去说，反而有可能说出有趣、机智的话语来。

3.生活中加强练习

比如，你可以经常和邻居打招呼，和他们交谈，让整个一栋楼里的人亲如一家。现代社会，忙于工作的人们的邻里观念淡薄，主动与邻居交流，不但能加深彼此间的关系，还能帮助你提高交往技巧。

4.掌握一些与陌生人谈话的方法

（1）问路谈话法：把对方假设成一般过路人，然后像问路一样，找一些自己心里有数却佯装不知的问题请对方来回答，这样你就取得了语机上的主动。无论对方的回答对与错，你均要认真地洗耳恭听，即使对方说错了，你也应该"将错就错"地表示谢意。因为，这种谈话的目的并不是要找到什么答案，而是为了打开你和对方语言交流的闸门。一旦双方对话的闸门被打开，原先那种陌生感就会自然消失。因为通常情况下，没有人会恶意地拒绝一个虚心请教者。

（2）细节入手法：仔细观察一下你身边的陌生人，看看他们是否有比较特别的地方，比如，对方戴有异族风情的配饰，对方使用的手机款式让你非常青睐……谈论这些细节很可能立刻吸引对方的兴趣。聊天的话题最好选择节奏感比较轻松明快的、无须费尽思量的，这样就不会让人对你的搭话产生反感。

（3）正视自己的社交地位。当与一个陌生的群体交往，当对方有意和你沟通时，无论对方的话是对是错，切忌否定对方，因为毕竟你们还不熟，一旦你否定对方，余下的沟通就很难继续，你前面所做的一切细节探微的努力也会因此而变得徒劳。那么怎样才能把握好与陌生群体对话的语机呢？有几种开门见山的开场白，你可以试着用。比如，"初来乍到，请大家多关照"；"今后我们要一起共事了，我有什么不妥之处，还请各位包涵"；"认识大家很高兴"……对一个陌生的群体而言，你故意回避或有问不答，均会被视作对这个群体的拒绝；说话太多也难以让陌生的群体所接受，还会让人感到害怕。第一印象是带有根本性的，如果你没有管好自己的嘴，在一个陌生群体当中出现失言或过分表现自己的所谓口才，那么你在这个群体当中会很难生存。

以上是与陌生人沟通的几个简单的技巧。和陌生人交往，女孩要记住，"一回生二回熟"，当你给别人一个良好的印象时，你与人的初次交道已经成功了！

总之，青春期女孩们，要知道，与陌生人交谈时，氛围是很重要的。良好的氛围容易让人放松，双方交谈起来也就更加坦诚。如果谈话氛围紧张，人人都很严肃，那交谈效果也会大打折扣。

青春期女孩拒绝别人要有策略

"妈妈，我们班王琪又让我给他带早餐，真烦人。"女儿跟妈妈抱怨道。

"帮助同学不是应该的吗？"

"可他每天都这样。本来那天早上，他说自己要迟到了，给我打电话让我帮他带早饭直接去教室吃；但后来，他每天都

说自己要迟到，我也不知道怎么拒绝他。"

"乖女儿，你是个善良的孩子，但帮助别人也是要有度的，别人能做到的事，却让你去帮忙，你就不该答应。你要知道，'老好人'总是会被别人欺负……"

案例中，妈妈的话是有道理的，毫无原则地帮助别人就会成为一个吃力不讨好的"老好人"。

可能不少青春期女孩会误认为，"我只有顺从和帮助别人，才能变得可爱"。其实，这样，你只会成为别人口中的"老好人"。对于任何人的任何请求都来者不拒，最后你会发现，自己已经筋疲力尽，却"吃力不讨好"，甚至使自己成为一个"取悦别人"的人。如果你是这样的人，那么这种情况将会恶性循环，使你身边的人都希望你随时随地在他们身边、为他们服务。不懂得拒绝，会让你疲惫，感到压迫和烦躁。不要等到你的能量耗尽时才采取行动。

可是，青春期女孩怎么才能拒绝别人呢？其实，拒绝是你的权利，也是你负责任的表现。懂得自重，就应该学会说"不"。

在以下几种场合，你应该拒绝人家：

1.当有人想干扰歪曲你的某种信念时。你永远不要认为有义务为他人说谎，比如，一个朋友为了欺骗老师，说作业落在家里了，你不想违心地说谎，就要敢于说"不"。

2.当有的朋友提出让你代替他完成某种义务时。比如，对朋友父母的关心，这是他应尽的义务，你不能代替。

当然，拒绝别人是一件令对方不快的事。那么，有哪些方法可以令对方在被拒绝后感到理所当然，从而对你的拒绝信服呢？我们要注意以下六个要素：

1.要有笑容地拒绝：拒绝的时候，要面带微笑，态度要庄重，让别人感受到你对他的尊重、礼貌。这样一来，就算被你拒绝了，他也能欣然接受。

2.要有理由地拒绝：这样，即使你拒绝了对方，也会让对方觉得你已经尽力，还是会感动于你的诚恳。

3.要有代替地拒绝：你跟我要求的这一点我帮不上忙，我用另外一个方法来帮助你。这样一来，对方还是会很感谢你的。

4.要有帮助地拒绝：也就是说，你虽然拒绝了，但会在其他方面给他一些帮助，这是一种慈悲而智慧的拒绝。

5.要有出路地拒绝：拒绝的同时，如果能提供其他的方法，帮对方想出另外一条出路，实际上还是帮了他的忙。

6.要留退路地拒绝：不要把话说死、把路堵绝。"这事难度太大，办成的可能性极小，但是为了朋友的感情，你愿意尽最大努力。"这样一来，即使事情办不成，朋友也会领你的情。

诚然，青春期女孩应该竭尽全力地帮助他人，尤其应主动地、心甘情愿地帮助需要你的朋友。但是，如果你是被某种心理上的压力所迫，对一切都点头答应，实际上这是一种错误的想法，你这是在委屈自己；同时，当你能力不足而答应别人的

时候，也会给别人带来不快和麻烦。

学会拒绝，而不是盲从，这是青春期女孩应该学会的语言技巧。掌握拒绝别人的策略，做自己力所能及的事，才是有责任感和成熟的表现。

总之，青春期女孩们，拒绝别人要讲究一定的技巧，只有这样，才能让对方心服口服地接受你的拒绝。

和好朋友发生冲突了，怎么解决

"我半年前说话伤了一个男同学的心。事后我很后悔，但是没有道歉。后来他对我很冷淡，现在看见我也不打招呼了，只是互相对望。我也不敢主动喊他，因为心虚。再过一个月，他就要转学走了，可能我们以后都不会再见。我不想留下遗憾，很想请他原谅我，但是隔了这么久，更加不好意思开口了。我有他的QQ、邮箱和家庭电话。以前我们多是用QQ交流，但是不知道他有没有屏蔽我。我偶然可以遇见他，但是他多数时候和其他人在一起，说话不方便。我应该用什么方式向他道歉？我应该怎么说呢？"

女孩到了青春期这个年龄段，很多问题随之而来，除了学习的压力以外，还要面临经常出现的朋友之间的大大小小的矛盾。而对于这些矛盾，很多女孩认为，又不是我的错，不需要道歉！

其实，朋友之间有矛盾和误会了，沟通很重要！只要把问题拿出来开诚布公地说，就很容易解决。如果彼此之间的问题没有那么严重，就不要拖得太久，误会一旦形成，如果不及时解释，就会被逐渐深化，最终将无法挽回。如果等到那时再想去挽回，可就为时已晚了……

所以，青春期女孩，如果你真的很在乎你们之间的友情，那么为什么不可以主动地找对方谈谈？当然，在谈话的过程中一定要控制好自己的情绪，不要进一步激化矛盾，要相信朋友一定会感受到你的真诚的。事情只要说开了，朋友之间的那点矛盾和误会就会自然而然地化解了。

为此，你可以这样做：

1.要反省自己。如果你的朋友中有个别人对你有意见，可能是对方的问题，但如果你在人群中被孤立或者被众人排挤，估计就是你的问题了。此时，你要做的就是反省自己，看看自己哪里不对，你应想一下，你是不是太"自我中心"了——凡事很少为别人着想，自己想怎样就怎样，或对朋友不怎么关心等。

2.要学会大度、宽容。朋友之间，难免个性不同、生活习惯不同，要学会彼此尊重和包容。人都是重情谊的，你帮他，他也会帮你，互相帮助中，友谊更加深厚。在深厚友谊的基础上，彼此给对方提一些意见是很容易接受的。只要不是什么原

则上的大错误，就不要斤斤计较，要多包容。

真诚地聆听别人讲话是最起码的尊重

小灵是个很懂事、明理的女孩，她的人际关系一直很好，她的好朋友和同学们谁有烦心事，都会找她倾诉。

这天，姨妈和表姐又吵架了，表姐来找她诉苦："我已经是个大人了，她却像管孩子一样管着我，吃什么、穿什么都管，不许这个、不许那个，我交朋友也管，我真的要窒息了……"

等表姐说完后，小灵问："当姨妈说话的时候，你有没有耐心地听呢？我想姨妈只是更年期到了，需要倾诉，而你什么都不听。倾听是与人交往最起码的尊重吧……"

这里，小灵说的话很对，倾听是获得良好的人际关系的前提。

青春期是一个渴望被理解和被倾听的年纪，但事实上，理解是互相的，女孩要想得到别人的尊重和理解，就必须学会倾听，做一个优秀的倾听者，用耳听内容，更用心"听"情感。

自我们出生后，我们不仅有说的能力，还有听的能力，这是造物主给我们的恩赐，因此，我们不要总是抱着"听我讲"态度，我们也应该有听别人说的气度，学会倾听就是学会一种美德，一种修养，一种气度。要知道，无休止的"口水战"丝毫起不到交流的效果。

因此，女孩们要学会倾听，这也是获得良好的人际关系的前提。

的确，交流需要倾诉，但这绝不是完整的交流状态，一次完整的交流过程需要互换意见。在人与人的交往中，任何人都有渴望被倾听的愿望，我们不妨站在别人的角度考虑一下问题，当我们侃侃而谈的时候，对方的情绪会怎样？饶有兴趣地听还是已经不耐烦了？这些你都要注意。懂得分享才会获得交往的快乐，当对方高兴的时候，你要学会倾听，倾听快乐的理由，分享快乐的心情；当对方悲伤的时候，你要学会倾听，听出对方的无奈之处，理解倾诉者内心的苦处，并表示自己理解的心情；当对方工作压力大、无处排遣的时候，你要予以安慰，为其分忧解难……

学会倾听是加强人与人之间的沟通、促进形成良好的人际关系的有效途径。

为此，女孩们，你需要掌握几点倾听的技巧：

1.要有耐心

认真倾听别人的倾诉需要耐心。或许对方阐述的并不是什么紧要的事情，只是因为对方把你当成可以倾诉的对象才为之，此时的倾听体现的是你谦逊的教养，能展现你的素质。任意打断别人的谈话，既表现出你对别人不尊重，也暴露出你的素养粗野与品位低下。在倾听那些狂妄之徒的恶语废言时，你

也得有耐心，因为那是你认清妄自尊大者的难得机会。

2.要表示出诚意

真正的倾听并非只带着一双耳朵，而是需要用心听的。也就是说，如果你真的没有时间和精力，你可以客气地向对方提出来，这比你勉强去听或装着去听而必然会表现出来的开小差给人的感觉要好得多。听就要真心真意地听，这对我们自己和他人都是很有好处的，安排好自己的时间去听他人谈话是一件很值得的事情。

3.要避免不良习惯

开小差，随意打断别人的谈话，或借机把谈话主题引到自己的事情上，一心二用，任意地加入自己的观点作出评论和表态等，都是很不尊重对方的表现，比不听别人谈话产生的后果更加恶劣，一定要避免。

4.适时进行鼓励和表示理解

谈话者往往都希望自己的经历受到理解和支持，因此，在谈话中加入一些简短的语言，如"对的""是这样""你说得对"等或点头微笑表示理解，都能鼓励谈话者继续说下去，并引起共鸣。当然，仍然要以聆听为主，要面向说话者，用眼睛与谈话人的眼睛作沟通，或者用手势来理解谈话者的身体辅助语言。

5.适时作出反馈

一个阶段后准确地作出反馈，能激励谈话人继续进行，对他有极大的鼓舞。例如，希望其重复刚才的意见，因为没有听懂或为了突出重点表达，如，"你刚才的意思或理解是……"但不准确的反馈则不利于谈话，因此要把握好。

总之，女孩们，学会倾听是你人生的必修课。学会倾听，你才能去伪存真；学会倾听，你才能给人留下虚怀若谷的印象；学会倾听，有益的知识将盛满你的智慧储藏室。"听君一席话，胜读十年书"，是对智慧的谈吐者与虚心倾听者的高度赞誉。学会倾听，是人生的必修课！

第六章

多变的青春期，女孩学会合理排解不良情绪

进入青春期后，女孩在生理上发生了很大变化，身体逐渐发育成熟，然而生理上的成熟并没有带来心理上的成熟，不少女孩在青春期早早地出现了叛逆心理。一般来说，青春期的女孩在心理特点上最突出的表现是出现成人感，由此增强了少年的独立意识。

同时，青春期女孩也会存在开放性与封闭性的矛盾。青春期的女孩需要与同龄人，特别是与异性、与父母平等交往，她们渴望他人和自己一样彼此间敞开心灵来相待。但由于每个人的性格、想法不一，使她们的这种渴求找不到释放的对象，于是出现了低落的情绪甚至一些不良的情绪等。女孩必须用适当的方法及时排解青春期的不良心理和情绪，青春要张扬，但要张弛有度，青春之花是灿烂的，别让青春期出现的小插曲带来遗憾！

我好像抑郁了怎么办

青春期的女孩因为学习压力和生活、情感上的失利以及心理上的创伤，容易产生一种不良情绪——抑郁。更为严重的会患抑郁症。不少抑郁症患者总感觉就好像世界末日即将来临，自己也行将魂飞魄散，恐惧悄悄地走进他们生活的每一个角落，吞噬着他们的灵魂，在不知不觉中削弱他们的信心，甚至使他们连穿什么衣服、午饭吃什么这样一类的小事都无法作出决定，变得无所适从。对于周围的事情，他们变得淡漠，还有无望感、无助感，无目的、无动机，觉得自己空前地孤独，他们觉得自己软弱，孤助无援，没有人能救援自己，一切已无法挽回。更可怕的是他们根本无心突围，因为他们认为那都是徒劳，不可能成功。所有的安慰怜悯都无法穿透那堵把他们与世人隔开的墙壁，任何热情关怀都不能打动他们的心。具体表现为：

1.抑郁心境：这是抑郁症患者最主要的特征，轻者心情不佳、苦恼、忧伤，终日唉声叹气；重者情绪低沉、悲观、绝望，有自杀倾向。

2.快感缺失：对日常生活的兴趣丧失，对各种娱乐或令人高兴的事体验不到乐趣。轻者尽量回避社交活动；重者闭门独

居、疏远亲友、杜绝社交。

3.疲劳感：无明显原因的持续疲劳感，轻者感觉自己身体疲倦，力不从心，生活和工作丧失积极性和主动性；重者甚至连吃、喝、个人卫生都不能顾及。

4.睡眠障碍：有70%～80%的抑郁症患者伴有睡眠障碍，患者通常入睡无困难，但几小时后即醒，故称为清晨失眠症、中途觉醒及末期失眠症，醒后又处于抑郁心情之中。伴有焦虑症者表现为入睡困难和噩梦多，还有少数的抑郁症患者睡眠过多，称为"多睡性抑郁"。

5.食欲改变：表现为进食减少，体重减轻，重者则终日不思茶饭，但也有少数患者有食欲增强的现象。

6.躯体不适：抑郁症患者普遍有躯体不适的表现。患者常检查和治疗不明原因的疼痛、疲劳、睡眠障碍、喉头及胸部的紧迫感、便秘、消化不良、肠胃胀气、心悸、气短等病症，但多数对症治疗无效。

7.自我评价低：轻者有自卑感、无用感、无价值感；重者把自己说得一无是处，有强烈的内疚感和自责感，甚至选择自杀作为自我惩罚的途径。

8.自杀观念和行为：此为抑郁症最危险的行为。患有严重抑郁症的患者常选择自杀来摆脱自己的痛苦。

由以上几点，可见青春期女孩抑郁的危害性，那么，究竟怎么样才能摆脱抑郁这种不良情绪的困扰呢？

1.面对忧郁要处之泰然，因为悲伤是必经的常态。

2.找些事情做，转移注意力，如散步、下棋、骑脚踏车、阅读等。

3.找朋友倾诉，加以发泄。

4.大哭一场，尽情地流泪。

5.冷静地分析情况。

6.运动有助于克服忧郁症，如果平日就有运动的习惯，不妨试着耗尽全身力气。

7.尽量外出，不要待在家里，以免使情绪更低落，外出也能增加认识世界的机会。

8.参加活动，令生活充实，减少令自己胡思乱想的时间。

当然，这只是一些能缓解抑郁的方法，当得了抑郁症以后，女孩要在家长的陪同下就医治疗，让自己重新找回勇气和快乐！

为什么我总是爱发无名之火

这天一大早，张阿姨一到办公室，就跟自己的同事谈起了女儿的教育问题。

"我家女儿最近不知道怎么了，好像总是爱发火，有时候，我并没有说什么，她也会生气，现在好像我都变成了她的

出气筒了。"张阿姨抱怨道。

"其实，孩子自己也不想这样，这是因为她们处在叛逆的青春期，情绪多变，心中有无名火。我家女儿比你家闺女大几岁，她前几年也是这样的……"

很多青春期女孩每个月总有几天脾气暴躁、爱发无名之火，这是青春期女孩一般都会有的不良情绪，因为这和生理因素有关，尤其是在月经期，这种无名之火更为明显。

一般情况下，这种情绪表现为爱生气，事后又后悔。这是女孩荷尔蒙分泌刺激引起的性格变化，即使你有意识地控制，也对自己有点无能为力。你或许并不清楚，或者你可能仅仅意识到了体内激素水平变化对情绪的影响，却搞不懂为什么有时候你看起来像乖乖女，有时候则脾气暴躁然后宁愿独处。实际上，是你身体中荷尔蒙的周期性变化影响了你。

这是荷尔蒙周期就要结束的一段时间，除非已经受孕，不然黄体会逐渐萎缩，卵巢中雌、孕激素的分泌量逐渐减少，子宫内膜的厚度有所下降，直至崩解形成新一次的月经。这几天，女性处于情绪的最低潮期，易出现脾气暴躁、易怒、紧张、情绪波动，自杀倾向更较平日高出7倍。

这就是女孩爱发无名之火的原因。在这段时间内，如果你敏感地觉察到自身的这种变化，就要有意识地安排更多轻松的学习方式，如避免在这个时期决定重大的事件等。这段时间，不仅情绪进入低谷，皮肤也开始出现状况：皮肤粗糙、暗疮爆

发。而且，由于体内滞留了很多的水分，你自觉臃肿发胖。

这个阶段你可能出现经前紧张症：抑郁、易怒、易激动、焦虑、头痛、注意力不集中和疏于社会活动；你的身体会出现乳胀、腹膨胀和四肢水肿。为了缓解这种不适，这个阶段你须注意少摄入盐分较高的食物，多进食大豆制品、谷物、新鲜的蔬果，这有助于保持身体内环境的稳定。另外，此时阴道酸性增加，是真菌增长的高危时期，必须小心预防真菌感染，譬如穿舒适的棉内裤。此外，这个阶段，你身体的抗凝血系统处于被激活的状态，要注意保暖和休息，同进避开可能的出血情况，如外科手术、献血……当然，也要错开妇科检查。

当然，如若绝非生理期的无名火，女孩还要找到合适的方式处理自己的愤怒，具体来说，你可以：

1.认识自己发怒的原因

当你的情绪稍微冷却下来以后，你可以试着认识自己发怒的原因。你是不是因为同学总是对你的体重或发型冷嘲热讽而气恼不已？是不是你的朋友在你背后说了你的坏话？要预先想好发生这种情况时消除怒气的方法。

2.使用建设性的内心对话

赫尔明指出："许多怒火中烧的人不分青红皂白地责备任何人和事：什么车子发动不了啦；孩子还嘴啦；别的司机抢了道啦之类。使怒气徘徊不去的是你自己的消极思维方式。"既然想法是导致情绪的主因，那么，如果你是个容易愤怒的人，

你就应该加强内心的想法，准备一些建设性的念头以备不时之需。例如：

"我在面对批评时，不会轻易地受伤。"

"不论如何，我都要平静地说，慢慢地说。"

当你熟练这些灭火步骤时，你就会发现，自己花在生气的时间越来越少，而花在完成工作上的时间也相对地越来越多了。必定有用！只要你肯去试。

3.不要说粗话

不管你说的是"傻瓜"还是更粗野的词语，你一旦开口辱骂，就把对方列为了自己的敌人。这会使你更难为对方着想，而互相体谅正是消弭怒气的最佳秘方。

的确，愤怒是一种大众化的情绪——无论男女老少，愤怒这种不良情绪都会在不经意间毒害他们的生活。因此，女孩们，现在的你处于青春叛逆期，但如果你常常动怒，那么，你最好学会以上几点调节情绪的方法，从而浇灭愤怒的火焰。

每天都要学习、学习，烦死了

有些青春期的女孩会发出这样的感叹：每天总是要学习、学习，烦死了，这是青春期女孩患上厌学症的一大表现。众多调查资料表明，厌学症是目前中学生诸多学习心理障碍中最普遍、最具有危险性的问题，是青少年最为常见的心理疾病之一。从心理学角度讲，厌学症是指学生消极对待学习活动的行为反应模式，主要表现为学生对学习认识存在偏差，情感上消极对待学习，行为上主动远离学习。

如何有效地矫治中学生的厌学症呢？可试着从以下几点入手：

1.改善环境，愉悦心境

要改变对生活的态度、对学习的认识。很多女孩厌学的主要原因来自于学校、家长甚至社会，对此，青春期的女孩可以尝试着和周围的人沟通，说出你内心的真实想法，当然，这需要家长和老师的理解，一个好的环境需要社会、家庭、学校之间相互配合。社会的鼓励、家长的关怀、教师的重视、同学的友好都有利于营造一个重学、乐学的氛围，消除厌学学生被抛弃、被歧视的感觉，使之对学习由厌恶感、恐惧感变为愉悦感、舒适感，从而积极、主动、愉快地开始新环境中的生活、学习。

2.改变观念，接受自我

女孩要重新认识自我价值，形成良好的自我意识，这是变厌学为乐学的重要一环。对自己表现出来的优点从正面予以肯定，并不断强化，你会发现，你其实能学好的。

3.培养兴趣，树立信心

兴趣是最好的老师。在实践中培养兴趣，品尝到学习的

成功感和趣味感，并逐步养成良好的学习习惯和正确的学习方法，进而树立信心、坚定信念，彻底矫治厌学的心理障碍。

当然，患上有严重心理障碍的、靠以上常规性的辅导和转化还不能根治的青春期女孩，必须尽早请心理医生诊断，利用医学手段来治疗厌学症。患有厌学症的女孩要切实解决心理问题，才能更顺利地走完健康成长的历程。

对未来的迷茫，让我感到很不安

小凡今年上初三，最近，她总是失眠，熬到凌晨三点多才能勉强睡去，可是，一会儿又会自己醒来。上课的时候，他的注意力也很难集中，老师讲的内容听不进去，大脑一片空白。一回到家，她又会心情烦躁，紧张不安，感觉无聊，脑子始终昏沉沉的。无奈之下，妈妈杨女士带着她来看某心理医生。

经过心理医生了解，小凡这种焦躁不安的心理来源于她对未来的茫然：妈妈杨女士自己出生于一个书香世家，对女儿的管教一直比较严格，而对于小凡来说，父母的苛求逐渐转化成她对自己的标准，她所接受的暗示是："只有我表现得尽善尽美了，只有有一个光明的前程，父母才会满意，我才会拥有他们对我的爱。"所以，一直以来，小凡都不敢放松，努力追求完美的目标。但在最近的几次阶段性考试中，小凡考得并不好，这让小凡很担心，自己的成绩会不会一直这样下降下去？就这样，这种紧张与不安让小凡变得压抑、敏感，并开始失眠。

小凡的情况并不是个案，很多青春期的女孩都遇到过。青春期是每个人孩提时代与未来生活的交接处，这个阶段的孩子常因为对未来的茫然而焦躁不安，常感到茫然不知所措。这一旅程充满了成为成人必须完成的任务，其中重要的两项：人际交往方面变得成熟；找到未来事业的方向。青春期对于任何一个孩子来说，既是快乐的，又是艰难的，快乐在于他们终于长大了，而同时，他们又不得不面临很多问题。

那么，青春期女孩该如何缓解这种不安呢？

1.为自己找一个奋斗的目标

焦躁不安是因为对未来的不确定，为此，你可以咨询父母或者老师的意见，也可以根据自己的兴趣爱好为自己找一个长远目标，有了目标，也就能专心致志地学习了。

2.努力学习

无论你是想当护士、司机还是其他作社会角色，你都需要足够的知识，比如，司机需要许多机械原理知识、需要地理知识，好司机需要会讲外语等，而做好护士相当不容易……事实上，未来社会，只有具备一定的知识的人才是人才，才能实现自己的价值，才能为社会贡献力量。为此，你必须以顽强的毅力、高度的自觉性和责任感努力学习。

3.向父母倾诉

处在青春期的女孩，思想较为叛逆，什么事情都不爱跟家长沟通，总是认为自己长大了，自己的事情可以自己处理，什么事都憋在心里，长久下去就导致情绪低落。其实，如果你向父母倾诉，也许他们能给你很好的建议，你也就不会不安了。

总之，女孩们，青春期是一个为十几岁的孩子将要离开家开始独自生活作好准备的时期，你必须坦然面对现在，这样才能真正静下心来学习，最终实现自己的目标。

第七章

爱上学习，做才情青春美少女

随着社会竞争的日益激烈，"知识成就命运"也成了每一个女孩甚至每一个学生应该明白的道理，而家长也常常督促乃至严令孩子要好好学习，久而久之，学生似乎已经不再是为自己读书，而是为父母。一场场的考试、一次次考试成绩的排名、一道道习题把这些本来可以轻松学习和生活的女孩压得喘不过气。"我到底为什么要读书""读书有什么用，该怎么样才能读好书"这些问题时不时出现在这些女孩的脑海里。其实，人生是自己的，学会享受生活和学习，你就会变得轻松，就能在学习和生活之间轻松地游走，人生的重要时期——青春期也就能充实快乐地度过！

要明确学习到底是为了谁

小丽是个成绩一般的学生，考试分数一般都在及格与高分之间徘徊，这次考试终于突破八十分大关了。

那天放学回家的路上，小丽特别高兴："这下子我妈该有面子了吧，总是说我把她的面子丢光了，每次我回家，她和几个阿姨在打牌，都说我没出息，我听着很不舒服。这次，我考好了，我非得让她给我买套名牌，我给她争面子了。"

"不是吧，你这种想法不对哦。我们学习又不是为了父母。"丹丹说。

"不是为了父母是为了什么，我们考好了，他们才有面子啊！"

"小丽，你这种想法是错误的，学习、考大学，以后都对我们有好处，父母迟早有一天要离开我们，对我们严厉，也是为了我们。"

"可是为什么我妈妈会那么说，说我把她的脸都丢尽了？"

"那是气话啊，哪有父母不爱孩子的？"

"是这样啊，那我以后要好好学习，不辜负妈妈的期望。"

"嗯，这就对了嘛。"

不可否认，很多父母在教育孩子的时候，都有一定的个人愿望，希望孩子按照自己的愿望成才，也有一些私心："我的梦想是成为芭蕾舞舞蹈家，可是那个年代根本不现实。现在我要培养自己的女儿来帮我完成这个心愿。""院子里那几个女孩考试都是前几名，我的女儿居然还有一门功课不及格，我怎么出去见人啊，真丢脸！"

这些话或多或少地被紧张学习中的女孩听到，让这些女孩认为：我是在为父母而学习，因为父母要面子，学习成绩是父母在人前炫耀的资本！

孩子有这样的想法，与很多家长培养孩子的方法和动机有很大关系。正所谓"望女成凤"，几乎所有的家长都对自己的女儿寄予了殷切希望，希望女儿有出息。然而，事实上这也导致很多女孩并不"买账"，她们似乎铁了心要跟家长"对着干"——不爱学习、不想去学校、不参加培训，甚至不和家长说话，不理会家长为自己所做的一切，就更别说理解家长、体会家长的良苦用心了。这些，都让家长很苦恼，女儿到底是怎么了？

其实，青春期女孩，为人儿女的你应该明白，"可怜天下父母心"，所有的父母希望自己孩子好的根本原因都是为了孩子，你应该理解父母的良苦用心。有自己的思维和自己的观点固然可以，但你要明白，自己学习到底是为了什么，真的是父母的面子？当然不是，是为了充实自己、培养自己，让自己成

为一个有用的人。如今的社会，竞争这么激烈，不学会一技之长来充实自己，你怎么能具有竞争力呢!

抱着这样的学习动力，女生们应该为自己设立一个目标——让自己成为一个有独立能力的人。然后认准这个目标，去努力实现它。在学习中，遇到问题的时候，要学会调节；在悲观失望、意志消沉时，要及时调整自己，重新振作起来；要适应社会，与他人和谐相处、有效合作，具备解决和化解矛盾、激励团队的能力；保持终身学习的信念——这些素质远远比一次考试考了多少分、在班上排第几名、考上某所大学重要得多。

慢慢地，你会发现，当你离这些目标越来越近的时候，你就能成为一个独立的个体，也就能明白自己到底为什么学习了。

所以，青春期的女孩，一定要珍惜现在的学习机会，充实自己的青春期。

找到属于你的学习方法，会事半功倍

阳阳和丹丹关系不错，她很喜欢和丹丹做朋友，常常来丹丹家玩，请教丹丹一些学习上的问题。然而，阳阳的学习成绩不怎么好，是班上的中等生，学习成绩在班级第十名到第二十四名之间波动。但实际上，阳阳学习很努力，有时候，爸

妈看着都很心疼，马上就要升入初中三年级了，她经常加班加点，做很多练习题，可是成绩就是上不去，父母担心阳阳最后连普通高中都考不上，因此来学校找老师。

老师说："阳阳是个很努力的女孩，可是她似乎在死读书，我平时教的学习方法她都没用。要知道，学习的努力程度与学习成绩并不一定成正比的。"阳阳爸妈这才知道女儿为什么学习成绩总是提不上去。

后来，阳阳来找丹丹，想向丹丹取经，阳阳一直以丹丹为榜样，听了丹丹的话，阳阳才知道原来自己一直是学习方法用错了，努力加正确的学习方法才会有好的学习效果。于是，在接下来的学习中，阳阳奋起直追，成绩上升很多，分数一次比一次高。

阳阳的这种情况，很多青春期女孩都遇到过。很多女孩看上去很用功，可成绩总是不理想，原因之一是，没有掌握学习方法，学习效率太低。同样的时间内，只能掌握别人学到知识的一半，这样怎么能学好？学习要讲究效率，而要提高效率，途径大致有以下几点：

1.学习时要集中精力，不要分心

学习效率的高低，就是看你投入度的多少。真正会学习的人，并不是整天对着书本的人，而是在学习的时候全神贯注、不分心的人，他们的学习往往能事半功倍。

2.学会有条理地学习

会学习的人，也是做事理性、条理分明的人；相反，一个丢三落四，书本、作业摆放杂乱无章的人，是不会学好的，因为他的大部分精力在因为一些无意义的寻找工作而白白浪费。没有条理，怎么能学好呢？

3.积极主动地学习

有人说，兴趣是最好的老师，在日常的学习中，女孩子要主动积极地学习，并把学习当成一件有乐趣的事，这样，就没有学不到的知识。而且，这是一个循环的过程，如果你成绩提高了，你对学习就会产生更多的兴趣，这就是为什么有些学习成绩好的学生在学习上总是有饱满的激情，而那些学习成绩差的学生成绩一跌再跌，最终对自己失去信心。

4.多锻炼，保持充沛的精力

身体是"学习"的本钱。没有一个好的身体，再大的能耐也无法发挥。因而，学习再繁忙，也不可放松锻炼。女孩子似乎都不怎么重视体育活动，事实上，这是一种误区，女孩子本身体质弱于男生，如果再忽视锻炼，身体会越来越弱，学习会越来越感到力不从心。这样怎么能提高学习效率呢？

5.劳逸结合，保持充足的睡眠

每个女孩必须坚持每天八小时的睡眠，晚上不要熬夜，定时就寝。中午坚持午睡。充足的睡眠、饱满的精神是提高效率的基本前提。

6.保持愉快的心情，和同学融洽相处

每天有个好心情，做事干净利落，学习积极投入，效率自然高。另外，把个人和集体结合起来，和同学保持互助关心、团结进取，也能提高学习效率。

学习是学生的天职，学习成绩也是检验学生学习状况的重要手段，很多女孩虽然很努力，但学习成绩总不见提高，这就是学习效率的问题，而想要提高学习效率，女孩就要掌握正确的学习方法。另外，在中学阶段就养成好的学习方法和习惯，拥有较高的学习效率，对人一生的发展都大有益处。

但提高学习效率并非一朝一夕之事，需要长期的探索和积累。前人的经验是可以借鉴的，但必须充分结合自己的特点。影响学习效率的因素，有学习之内的，但更多的因素在学习之外。

学会释放内心的压力

菲菲所在的班级马上要升入初中三年级了，学习压力越来越大。菲菲的班主任张老师是位老教师，很注重班级的学习成绩，每一个学生，无论是成绩好还是成绩差的，她都管得很严，这让每个同学都有点吃不消，虽然张老师是出于好意。学生早自习后休息的时间和中午午睡的时间也被张老师取消了，她一看到操场有她班上的同学，就会喊着回去看书。

有一天，有个女孩子居然大胆地给张老师提意见了，说张老师逼得太紧了，没想到张老师很生气，居然还在班上公开批评了女孩子。其实，那个女生是班上的尖子生，她都对班主任老师提出意见了，可见张老师给学生的压力有多大。

很多青春期女孩都会出现这一问题。她们身上的学习压力很大一部分来自外界，如父母、老师、同学之间，但压力终究是自身的一种精神状态，是可以自我解除的。学习压力对一个学生来说，可能产生两种影响，一种是适当的压力会激励学生，另一种是过高的压力会使人崩溃，所以，减压显得非常重要。

进入青春期后，女孩的学习是紧张的，但必须是放松的。女孩只有正确地处理这一辩证的问题，才能明白应该以怎样的心态面对每天紧张的学习，才能在紧张的学习中轻松地学好，因为，想要最大效率地学习，就要有轻松的学习心理，没有过重的学习负担。相反，患得患失、瞻前顾后是学不好的。

正所谓"日出东海落西山，愁也一天，喜也一天；遇事不钻牛角尖，人也舒坦，心也舒坦"。很多时候"烦恼"都是自找的，所谓天下本无事，学习也好，日常生活也罢，没那么多大不了的，有什么事，正面去面对、解决，总会过去的。

那么，青春期女孩该如何解除自己的心理负担呢？在制订合理的学习目标的前提下，不妨试试以下方法：

1.树立自信

自信是任何人做任何事能成功的前提，因为，只有自我肯定，才能以最佳的面貌获得别人的肯定。学习也是这样。别人能学好、能拿好成绩，你也可以，相信自己，才能发挥好真实的水平。

2.保证睡眠，劳逸结合，不打时间战

良好的精神状态是学习效率高的前提，整天混混沌沌是学不好的，因此，你一定要调好自己的生物钟，不要和时间赛跑。

3.适当参加运动，提高自己的身体素质

若时间允许，可在平时唱唱歌、跳跳舞或者参加一些集体娱乐活动。在看书做作业中间，做做深呼吸、向远处眺望等。

4.加强沟通，保持心理平衡

与家人或老师交心沟通，排解紧张的心理情绪，有时老师的一句话会让你豁然开朗。

5.掌握窍门，学会自我减压

怎么减压呢？每个人都会有一些释放压力的小窍门，无论采用什么方法，只要能解决问题即可，并没有统一的方式，比如，进行深呼吸、听歌等，也可以散步。

你还可以通过自我暗示减压。比如，你可以告诉自己，大家都处于紧张的学习生活中，压力不是我一个人独有的，他们能顶着压力学习，我也能。这样一想，压力也就立马减轻了。另外，在每天早上出门前，可以给自己加油："我今天很

漂亮，我今天要满载知识回家。"带着这样的心情进入学习生活，学习也必当是轻松的。

生活中所有的青春期女孩，你们要明白，只有轻松自如地学习，学习才有乐趣，才会更有效率，这就需要你们积极进行自我调控，一旦产生障碍、形成压力，就要适当放松自己，放松自己的内心。

不以成绩论英雄

"考考，老师的法宝；分分，学生的命根。"这句话在学生中甚是流行。"学生学习的动力是什么，老师教学的方法是什么？""学生最关心的就是分数，老师最关心的就是考试。"这是学校最流行的口头禅，形象地反映了分数的重要性。升大学要考试，要凭分数来录取你。考个高分，就能上个名牌大学。考不好，即使是差0.1分，你也名落孙山。所以，家长也急功近利地只要分数。只要考试成绩好，一切就万事大吉，否则，就会成为学校、老师、同学、家长鄙视的对象。很多青春期女孩，因此背负了沉重的担子。

成绩固然重要，但随着社会的进步，综合素质也越来越受重视，其实学习成绩并不是主要的，因为，进入社会以后，一个人的文化知识起到的并不是全部的作用，还有很多社会知识

和社会经验值得学习。可以这样说，对于一个学习成绩很差的女孩来说，她的将来也不一定是黑暗的，这一切就取决于她自身的素质！那么，青春期女孩要想成为一个好学生，应该具备哪些素质呢？

1.学习能力

拥有学习能力，就是知道如何学习、筛选有害的信息，掌握提高学习效率的方法等，这是未来社会人才必备的能力。当今社会，科技日益进步，只有懂得如何学习、如何提高能力的人才能跟得上时代的步伐，为此，青春期女孩一定要摆脱传统的学习窠臼，培养自己各种学习的方法和能力。在学习科学文化知识的同时，更要懂得摄取各种有利于自己成长的知识，并及时消化吸收。

2.自立能力

自立便是自我的独立，世上并无救世主，自己的命运完全掌握在自己的手中。美好的前途是通过你自己的努力获得的，流自己的汗，吃自己的饭，自己的事情自己干，世上根本没有人会为你建起辉煌壮美的天堂。

3.创新能力

随着时代的发展，创新能力的拥有是判定一个人能力的重要标准，未来社会更是如此。创新思维能力便是指具有推陈出新的意识，敢于打破思维定式和旧有的心理状态，提出与众不同的、与以往不同的独树一帜的具有新意的思想、方法、措施的能力。

青春期女孩，要想拥有创新能力，就必须丰富自己的思维类型，多方位思考一个问题，往往会得出截然不同的答案。

4.交际能力

从成功学的角度讲，人际关系是决定一个人能否成功的关键因素之一，从素质教育的角度讲，能否和谐相处影响到人的顺利发展。

交际能力如何，也直接决定了一个人社会价值的实现程度；同时，交际也是交流情感，一个不会交流、人际关系差的女孩，她的生活势必是孤独的、寂寞的。

如今，很多女孩都是家里的独生女，平时与他人的交往较少；独处的时间较多，乃至造成了一定的封闭性；学校中的人际交往相对简单，以致青春期女孩在交往方面缺乏足够的锻炼，这与就业时社会对人际交往能力较高的要求是不相符的。

知识经济时代是一个全新的时代，是一个充满竞争的时代，要想在这个时代中出类拔萃，单纯的文化知识已经满足不了时代的需要，因此，青春期女孩必须努力克服自己的弱点，努力使自己强大起来，以跟上这个时代的步伐。

所有青春期女孩都要以平常心看待成绩，应该努力提高自己多方面的素质，这样，才能满怀信心地面对未来社会的挑战！

平常心对待考试失利

小乐是个认真学习、刻苦努力的女生，可令她自己甚至是老师苦恼的是，一到考试，她就怯场，无法发挥自己正常的水平，结果就考砸了。她烦躁不安，觉得自己很没有用，对不起老师和父母，也提不起精神来学习，有一次，她和同桌谈心的时候说：

"我马上就要上初中三年级了，可成绩总是不理想。刚刚进入班级的时候成绩还是不错的，可后来考了一次地理，我没怎么在意，结果成绩一下子掉下去了。后来学习的时候，就提不起兴趣了。期中考试的时候，我的成绩一下子到了六百多名，到了初二上学期我的成绩已经到了七百多名。家长和老师给我做过很多思想工作，我也想过要考好，可是，每次我拿起书本的时候就烦，学不下去了，有家长的时候就装着学一会儿，没有家长时不是听歌就是走神要不就是看闲书。我即将面临的是中考，可现在我已经下降到了八百多名，初二才一千零几十个人。其实我也想学好，可就是不知道怎么办。物理一窍不通，今年暑假要去补，不知道会怎么样；数学是我的强项，可每次都发挥不好；其他的小科也很不理想，尤其是历史，才考二十多分；我都不知道要怎么办了，想到现在的状况我就丧气，学习根本谈不上来劲，可是我的确不想失败，也想考个好的成绩好上高中。可是，每次我订的目标都完不成，连着3次前七百名都进不去，我好羡慕你这样的成绩好的学生，我该怎么办？"

青春期的学生尤其是女生心理相对比较脆弱，面对考试失利，自然是有一定心理压力的。考砸时的压力，是学生主观认知在客观条件下作用的结果——考试前，学生对自己的能力和水平有个评估，而当考砸以后，在客观结果上就形成了一种差距，而这种心理压力也就产生了。这种心理的危害是相当大的，轻者产生心理阴影，重者会做出一些过激的行为。因此，青春期女孩一定要学会给自己减轻考试压力，以正确的心态接受考试结果，那么，如何减压呢？

1.应该正视失败，别光盯着消极面

俗话说，胜败乃兵家常事，考试失利，也是常事，对于学生来说，也再正常不过，你要做的不是一味地沉浸在失败的痛苦中，而是要勇敢些，正视考试失利，并用辩证的眼光看待。你这一次失利，是因为你还存在很多没有学好的知识，体验考试的意义，进行经验和教训的总结，才是你在考试后应该做的事，而不能生活在懊悔或自责中，消极地看待失利后正在或将要面临的问题。

2.学会倾诉

女孩子是比较敏感的，她们会以为周围的人都在议论自己，于是，一旦考试失利，就选择躲避，甚至羞于见老师和同学，其实，这是没有必要的。也许你担忧别人议论你的时候，别人在议论的却是另外一件事；而且，考试失利的事；任何人

都经历过，没什么可丢脸的。为什么不把自己的心情告诉老师和同学呢？倾诉不仅可以让你的心灵得到释放，还能拉近和他们间的距离。相反，心存猜忌、闷闷不乐，只会造成误会和隔阂。

3.转移注意，规避悲观情绪

任何人面对考试失利都会有消极的情绪体验，只是一些人调节能力较好，在经历了一些快乐的情绪体验后，能重新振作，重新投入学习；另外一些人，紧盯着那个很低的分数，不愿意转移视线。

其实，规避悲观情绪的方法有很多，比如，聆听一段心爱的音乐，净化浮动的心；全身心地投入一场体育比赛，这也有助于缓解你的失意情绪。当然，这种规避悲观情绪的方法是为了重新振作，不是不思进取，女孩在进行了身心的放松后，还是要以学习为主要任务，努力取得今后学习成绩的提高。

4.正确评估自己的实力，降低过高的学习目标

重视学习过程而不要过于计较考试结果，把考试当成作业，把作业看作考试，以平和的心态来对待考试，这样，即使考砸了，也不会太过失望。

5.善于总结经验教训

从考试中看自己的不足，才是考试的意义与作用。一次失利并不代表次次失利，相反，它是下次成功的前奏，青春期女孩，当你一次考试失利后，应多问问自己为什么会失利，应该

怎么补救。

实际上，我们不能否认，有些女孩考试失利，并不是因为知识积累不够，而是考试时的情绪所致，比如，焦虑。针对这种情况，女孩要及时调整自己的心态，在考试时放松心情，发挥自己的真实水平。

青春期女孩们，人生不如意事常八九，考试失利不过是命运对你心理承受能力的一种考验罢了。失利了，别失意，以坚强的意志与自信跨过逆境后，你就会在人生大道上迈出更坚实的步子，获得意想不到的胜利和快乐。其实，考试的结果并不重要，用轻松的心态考试，或许你收获的又不一样！

身体是革命的本钱，努力学习但也要劳逸结合

生活中，不少女孩面对繁重的学习负担，为了不落后于其他同学或者稳坐学习尖子的宝座，她们学习极其用功，在学校学，回家也学，不时还熬熬夜，题做得数不胜数，成绩却总上不去。面对这样的情况，她们十分焦急。本来，有付出就应该有回报，而且，付出得多就应该回报得多，这是天经地义的事。但实际的情况并非如此。

这里就存在一个效率的问题。效率指什么呢？好比学一样东西，有人练十次就会了，而有人则须练一百次。如何提高学

习效率呢？其实最重要的一条就是劳逸结合。

学习效率的提高最需要的是清醒敏捷的头脑，所以，适当的休息、娱乐不仅是有好处的，更是必要的，是提高各种学习效率的基础。

英国教育家斯宾认为"健康的人格寓于健康的身体"，只有保持身体健康才能保证心理健康。有许多精神紧张、压抑者通过体育锻炼出一身汗，精神就轻松多了。科学研究证明，一些呼吸性的锻炼，如散步、慢跑、游泳等，可使人信心倍增，精力充沛。因为这些活动让人肌体彻底放松，从而消除紧张和焦虑的情绪。

在学习上也是如此，每个女孩都曾经有过这样的体会，如果某一天，自己精神饱满而且情绪高涨，那么在学习一样东西时就会感到很轻松，学得也很快，其实这正是学习效率高的时候。因此，保持自我情绪的良好是十分重要的。

在日常生活中，女孩应当有较为开朗的心境，不要过多地去想那些不顺心的事，而且要以一种热情向上的乐观生活态度去对待周围的人和事，因为这样无论对别人还是对自己都是很有好处的。这样，就能在自己的周围营造十分轻松的氛围，学习起来也就感到格外有精神。讲究劳逸结合，保持乐观心境，这样，同样的时间内，往往能掌握到比别人更多的知识。劳逸结合的途径大致有以下几点：

1.每天保证8小时睡眠

作为休息的方式之一——睡觉，对于人体的休息有很大的作用。第一是消除体力疲劳，第二是消除精神疲劳。另有一种观点认为，睡眠的主要功能是恢复大脑的疲劳。人的一生中，将近三分之一的时间是用于睡觉的。刚出生的婴儿几乎每天要睡20个小时；即使成年后，每天也至少要睡6～7小时。而且，青春期的女孩也正处于身体发育的阶段，保证充足的睡眠也是必需的。

晚上不要开夜车，只有休息好，才能学习好，保持良好的作息习惯，每天定时就寝。中午坚持午睡。充足的睡眠、饱满的精神是提高效率的基本要求。

2.参加体育活动，坚持体育锻炼

身体是学习的本钱。现代社会，很多青少年都处于亚健康状态，根本原因就是不注重体育锻炼。因而，学业再繁忙，也不可忽视锻炼。刻意地追求学习成绩而不放过每一分钟学习的机会、忽视体育运动，会导致你的身体越来越弱，令你感到学习越来越力不从心。这样怎么能提高学习效率呢?

3.学习要集中精力，不要分散注意力

玩的时候痛快玩，学的时候认真学，这才是最佳的也是最有效率的学习和生活方式。一天到晚埋头苦读，并不一定会有良好的学习效果，因为，眼不离书，并不一定是用心读书，学习时，一定要全身心的投入，手脑并用。学习的时候，要达到陶渊明的结庐在人境，而无车马喧的境界。

4.积极主动地学习

只有积极主动地学习，才能感受到其中的乐趣，才能激发自己的学习欲望，这样，才会提高学习效率。而有些女孩子，底子本来就薄，还不愿意向老师、同学请教，认为这会失了面子，结果成绩越来越差，这样又从何谈起提高学习效率。这时，唯一的方法是，向人请教，不懂的地方一定要弄懂，一点一滴积累，才能进步。如此，才能逐步地提高效率。

5.保持愉快的心情，和同学融洽相处

轻松愉快地学习是提高学习效率的前提。每天有个好心情，做事干净利落，学习积极投入，效率自然高。另外，把个人和集体结合起来，和同学保持互助关系，团结进取，也能提高学习效率。

6.复习与整理是重要环节

学习过程中，把各科课本、作业和资料有规律地放在一起。待用时，一看便知在哪里。而有的女孩查阅某本书时，东找西翻，不见踪影，时间就这样在忙碌而焦急的寻找中逝去。没有条理的学生不会学得很好。

学习效率的提高，很大程度上取决于学习之外的其他因素，这是因为人的体质、心境、状态等诸多因素与学习效率密切相关。

当今社会已经不是一个"头悬梁锥刺股"即能成功的社会，学习上也是。时间加汗水，加班加点，牺牲休息时间，完全不顾自己的身体，这种做法有损身体健康，又没有效率，往往事与愿违。青春期女孩，应结合自己的生理承受力，科学地安排作息时间。即使学习紧张，紧张中也要有松弛，劳逸结合，这才符合人的心理生理规律。学习之余，打打球，唱唱歌，去郊游等，紧张的心情得以放松，压力自然也就得到缓解。同时，广泛地培养兴趣，做一些使自己舒心的事，也都有利于减轻压力。

总是记不住知识点怎么办

雯雯到了初中以后，好像就变得很迟钝，以前一篇古文很快就能背诵下来，现在每天抱着书本读英文单词也记不住。

为了解决记忆上的烦恼，雯雯找到了上一届文科第一名的师姐。

"我用的是目录记忆法和闭目回想法。目录记忆法，指的是：首先不要直接背内容，先把大目录背牢，然后再背小标题。这样，体系建立了，各历史事件的关系也更明了，对整本书的理解也会加深。在背目录和小标题的时候会有很多新的领悟，直接背内容是很难体验到的。"

另外，她说自己在记忆上还有个小窍门——"闭目回想法"。她是这样做的：先闭上眼睛，回想书上某页的画面，然后便可以自己去填充里面的具体内容了。如果发现有个地方怎么也想不起来，就马上翻书，仔细地把这个盲区"扫描"一

遍，然后继续闭上眼睛回想下面的内容。这种方法对于加深记忆非常有效。

记忆力差是很多青春期女孩苦恼的事情之一，课上学的知识很快就忘记了；有时候一个单词本来已经熟练地记下了，可很快就忘记了；做事丢三落四。这就是记忆力差。事实上，记忆力也是可以增强的。

提高记忆力的过程，实际上也是克服遗忘的过程，培养良好的记忆能力也不是什么不可能的事，只要你能在学习活动中进行有意识的锻炼。以下是十种增强记忆的方法：

1.兴趣学习法

兴趣是最好的老师，这话并不是毫无根据的。如果你对学习毫无兴趣，那么，即使花再多的时间，也是徒劳，也难以记住那些知识点。

2.理解与记忆双管齐下

理解是记忆的基础。只有对知识点加以分析，然后理解，真正了熟于心，才能记得牢、记得久。仅靠死记硬背，则不容易记住。对于重要的学习内容，如能做到理解和背诵相结合，记忆效果会更好。

3.集中注意力学习

其实，课堂上的时间是最好的学习和记忆时间，充分利用好了课堂时间，课后只要稍花时间加以巩固，就能真正获得知识。相反，如果精神涣散，一心二用，就会大大降低记忆效率。

4.及时复习

遗忘的速度是先快后慢。对刚学过的知识趁热打铁，及时温习巩固，是强化记忆痕迹、防止遗忘的有效手段。

5.多回忆，巩固知识

要真正将某项知识记牢，就要经常性地尝试记忆、不断地回忆。这一过程要达到的目的是，使记忆错误得到纠正、遗漏得到弥补，使学习内容难点记得更牢。

6.读、想、视、听相结合

可以同时利用语言功能和视听觉器官的功能来强化记忆，提高记忆效率，这比单一默读效果好得多。

7.运用多种记忆手段。

8.科学用脑

在保证营养、积极休息、进行体育锻炼等保养大脑的基础上，科学用脑，防止过度疲劳，保持积极乐观的情绪，能大大提高大脑的工作效率。这是提高记忆力的关键。

9.掌握最佳记忆时间

一般来说，上午9～11时，下午3～4时，晚上7～10时，为最佳记忆时间。利用上述时间记忆难记的学习材料，效果较好。

总之，知识的积累，就像建造房子，从砖到墙、从墙到梁，是一个循序渐进的过程。青春期的女孩，你学习的时候，要掌握一定的方法，这样，你复习的时间不需要很长，但效果会很好，磨刀不误砍柴工，就是这个道理！

第八章

女孩别害怕，成长需要剥落身上的这些缺点

　　青春期的到来，表明女孩开始慢慢成熟，人生观、价值观、做人做事方式等方面开始慢慢形成，但在这样一个过渡期，这些都不稳定，很容易养成一些做人做事的缺点，比如，以貌取人、做事三分钟热度等。成长的路上，这些缺点不能有，摒弃这些缺点，你的人格、品质才会更完善。

学会调整自我意识的缺陷

小林已经三天没回家了，这让林先生一家人如热锅上的蚂蚁。小林一直是个很乖巧听话的孩子，她还是学校初三年级的学生会主席，这次怎么说不见就不见了呢？

给学校打了几次电话之后，林先生才了解到，原来，前几天女儿代表学校参加了全市初中生英语演讲大赛，因为紧张，她表现不太好，没拿到奖项，被学校的一些同学嘲笑了几句，原本女儿打算把这次的奖状当作自己15岁的生日礼物，没想到却是这样的结果。林先生明白，小林一直都很好强，但这次的失利对她来说无疑是个很大的打击，更别说被同学在背地里说来说去了，怪不得女儿会"玩失踪"。后来，林先生想到一个地方——小林外婆去世前留在农村的老房子。果然，小林就在那里，见到爸爸妈妈，小林哭了，哭得很伤心。

小林说："一直以来，我以为自己很优秀，但没想到，其实我这么差劲。"

这里，小林因为一次失利而产生了自我怀疑。自我怀疑是自我意识的一部分，所谓自我意识，是一个人对自己的认识和评价，包括对自己心理倾向、个性心理特征和心理过程的认识

与评价。正是由于人具有自我意识，人才能对自己的思想和行为进行自我控制和调节，使自己形成完整的个性。

对于任何人来说，自我意识在个体发展中都具有十分重要的作用。

首先，自我意识是认识外界客观事物的条件。一个人只有先清楚地了解自己、认识自己，才能将自己与周围的人和事区别开来，才能正确地认识客观事物。

其次，自我意识是人的自觉性、自控力的前提，对自我教育有推动作用。

人只有意识到自己该做什么、怎么做，才能付诸行动。一个人意识到自己的长处和不足，有助于他发扬优点、克服缺点，取得自我教育的积极效果。

再次，自我意识是改造自身主观因素的途径，它使人能不断地自我监督、自我修养、自我完善。

一个人只有认识到自己的不足，才会有意识地改造自我。可见，自我意识影响着人的道德判断和个性的形成，尤其对个性倾向性的形成更为重要。

青春期，是女孩身体成长期，也是其自我意识形成期，而有些女孩，在自我意识方面存在一些缺陷，比如幼稚、敏感、过度自尊、过于独立、自我掩饰、以自我为中心、自卑等，这些，都对青春期的女孩的身心健康发展构成了威胁。那么，青春期的女孩该怎样调整并完善自我意识呢？

1.正确的自我认知

"人贵有自知之明"，这里的"自知"，就是要全面认识自己，然而，你自己眼中的自己是不全面的。女孩不妨自己认真仔细地想一想，用尽量多的形容词描述自己，要忠实于自己的内心。在此基础上，进行第二步，描述父母眼中的你、同学眼中的你、老师眼中的你、兄弟姐妹眼中的你，你再寻找这些描述中共同的品质，将其归类。你描述的维度越多，你越容易比较正确地认识自我。

2.客观的自我评价

在认识到自我以后，女孩接下来要做的就是正确地评价自己，积极地自我体验，有效地自我控制。

所谓的自我悦纳，就是要接纳自己、喜欢自己、欣赏自己，体会自我的独特性，在此基础上，你才能感受到生活中的那些幸福感和满足感；其次是理智与客观地对待自己的长处与不足，冷静地看待得与失。一次的失败并不代表真正的失败，也不能断定你的能力不足。积极的策略是：关注你自己的成功，并将优势积累，每个人身上都有着无数的闪光点，重点在于寻找你自己的闪光点并将其构成亮丽的人生风景线。

3.关注自我成长

自我的发展需要不断地自我反思、自我监控。而将成长作为一条线索贯穿于人的始终时，整理自己成长的轨迹显得尤为重要。依照过去、现在、未来进行清理，深刻了解与把握自

己。要记住：自我体验永远是个体的，当我们在分享他人个体成长的硕果时，也在促进我们自己的成长。

4.积极地提升自我

首先，要克服自我障碍。我们听说了太多这样的故事：由于考试前身体不好，所以在大考中没有取得好成绩。这便为自己考学不成功找到了适当的借口。对自己能力程度的焦虑带来的不安全感，是一种自我障碍。因此，女孩，如果你渴望自我发展，必须主动克服自我障碍，进行积极的自我提升与自我尝试。在积极的自我尝试中，你会发现自己的新的支点。

提高自我效能感是个体在一定情境下对自我完成某项工作的期望与预期。当一个人期望自己成功时，他必然会尽自己最大的努力，而当他面临挑战性任务时，他会表现出更强的坚持力，从而增加成功的可能性。自我效能感高的人一般学业期望较高，也就是说，自我效能感与成就动机呈正相关性。

人无完人，接受自己的不完美

小雪是个古怪的女孩，当别的同学嬉戏时，她一般都独自躲在角落里，好像她从来没有朋友。实际上，她也希望自己可以和那些女孩一起玩，可是，她觉得自己就像一只丑小鸭：很矮小、脸上还有痘痘、皮肤也很黑……为什么妈妈在给自己

生命的时候，把这些缺点都给了自己？在一次题目为《我的心事》的作文中，她这样写道：

"我是一个初中女孩，虽然年龄还小，但自卑心理已经很严重了，我有太多的缺点，唯一能让我稍微欣慰一点的就是我的学习成绩比较好，在班里能排前几名。小学的时候，我有两个很好的朋友，以前我是她们学习的榜样，可现在，她们很明显已经超过了我，而且，在学校，还有一些男生主动写情书给她们，为什么我这么差劲？现在，她们已经是学校光荣榜上经常出现的学生了；而我，成绩在一天天退步，她们也离我而去了。

"我很自卑，一开始我还不认为自己自卑呢，后来我忽然发现这三年来我的变化真的好大的时候，才注意到了这一点。我觉得从小我就没自信过。于是我装得很有特点，生怕在这个优秀的团体里，别人会遗忘我。我开始看那些我不喜欢的东西，开始看动漫、开始看小说。我的性格开始变得内向，我现在好茫然，我不知道该怎么办。马上就要开学了，怎么办，我已经不知道我怎么面对中考、面对未来的学习了。"

之后，老师找小雪谈了几次，希望她能以平常心看待学习成绩，也要接受自己的不完美。后来，小雪开朗了许多，身边也渐渐有了一些朋友。

每个女孩都会经历一个破茧成蝶的过程，从一个幼小的不起眼的毛毛虫成长为一只美丽优雅的蝴蝶，短短的几年时间里，女孩的身体和心理都要经历一场巨大的变革，变革结束以

后，女孩的身体就像蝴蝶一样达到了性成熟。这个奇妙的变革，我们叫作青春期。青春期也带来了很多令女孩们头疼的问题，尤其是身体上的不完美，但很多问题只是青春期独有的，随着年龄的增长和身体的发育成熟，会逐渐消失，所以，这种不完美只是暂时的，用平稳的心态接受这种暂时的不完美，不断充实自己的内在，会让你的青春期度过得更充实、愉快!

如果女孩不能接纳自己，把眼光过度放在自己的缺陷和不完美上，就会对自己产生过低的评价，以致缺乏信心。自卑，是个人对自己的不恰当的认识，是一种自己瞧不起自己的消极心理。在自卑心理的作用下，女孩很难以正常、轻松的心态与人交流，然而，人际交往对于一个即将成熟的女孩的重要性不言而喻。青春期是我们走出家庭、走向社会的一个重要时期。每个青春期的女孩子，都希望有可以倾诉的对象，有个关系紧密的闺密，但如果女孩子对这一点没有清醒的认识，过分在意周围人的眼光，甚至自卑等，是无法与他人之间沟通并建立友情的。所以，青春期女孩一定要学会接纳自我，然后完善自我、提升自我，这样才能在青春期充实自己，为未来打下基础。

1.正确评价自我，你是特别的

每一个人都是特别的。这就和工艺品一样，有些工艺品之所以价值连城，就是因为特别，如果制作的人制作出一万件大小、形状、装饰都完全一样的工艺品，那么每件工艺品就值不了多少钱了。可是如果这个制作人独具匠心地制作出一个完全与众不同的工艺品，那么，它的价值就另当别论了。同样，青春期女孩，你之所以宝贵，是因为全世界再无人与你完全相同。是你的思想、情感、品位、才能构成了独特的你。

而你的那些所谓"缺点"，那些你不喜欢的自己的特质，其实是你最宝贵的财富，只是你的表达程度有点过于强烈了。就好像放音乐一样，声音过大，就会让人觉得很不舒服，但是如果我们把音量调小，你自己和你周围的人都会意识到，那些所谓的缺点正是你的优点。你所要做的，就是在适当的时间、适当的地点，用适当的方式将它表达出来而已。这时你会发现，你仍然特别、仍然被无限地爱着。

因此，青春期女孩要本着实事求是的态度，要学会用正确的、辩证的眼光看待自己，要充分认识自己的能力、素质和心理特点，在不夸大自己的缺点的同时，也不避讳自己的长处，这样才能确立恰当的追求目标。拥有这样的心态，你才能取长补短，在看清楚自己不足的同时，将自卑的压力变为发挥优势的动力。

2.提高自信勇气

要相信自己的能力，学会进行积极的自我暗示：我并非弱者；我并不比别人差；别人能做到的，我也能够做到，只要我付出努力；既然我选择了，我就要努力达到自己的目标，决不放弃；我不必自卑，人无完人，别人也不是完美的。

3.积极与人交往，发展健康的人际关系

"有时候我就感觉自己像个孤岛，好像跟什么人都没有联

系。这是怎么回事？"因为你没有健康的人际关系，学会交一些益友，你会从中受到鼓舞。

如何才能交到益友：

（1）培养自己交往的品质。真正的友谊需要坦诚的沟通、尊重、同情与理解、负责、宽容，以及愿意为保持这种友谊而努力的心意。当你考虑交往真正的朋友时，你就要懂得付出，不要只想着朋友能为你做什么。

（2）自重和尊重朋友。你可能会想：但愿我有这样一个朋友，他会听我的话，理解我，并且使我不再孤独，他不要有什么我不能接受的个性。不幸的是，你没有权利来改变他人。你不能迫使他人为了友谊来满足你的需要。如果你希望被爱和被尊重，你首先要做到的是自爱和自尊；如果你希望交到朋友，你就必须学会尊重每个人个性的差异。

每个青春期女孩都要正确地认识自我，接纳自己的不完美，用正确的心态和品质去与人交往，这样才能交到真正的朋友！

青春期女孩要摆脱"三分钟热度"

森森今年13岁了，她一直爱好音乐，爸爸妈妈虽然不同意森森以后以音乐为生，但拗不过女儿，还是答应了森森的要求，每周末要么去学钢琴，要么去学小提琴等。但森森是个三

分钟热度的孩子，兴趣来得快，也去得快，爸爸妈妈从没想过森淼能学出什么名堂来。

青春期的女孩常常会遇到这种情况：有了一个宏伟目标，开始的时候行动也很顺利，最后却不了了之。直到过了很久之后，才回想起，原先我有一个多好的目标呀，要是能够坚持到现在，恐怕早就成功了！于是开始后悔，责怪自己没有毅力。

这就是人们常说的"三分钟热度"，即做事不能坚持到底，人们往往将其归结为缺乏毅力、不能吃苦，而实际上这是信念的缺乏，要有一个信念，就是你要达成的结果，要事先有这种预知性，就是不论成功与否，都要达成这件事的结果。

在做一件事或者完成一项任务的时候，你会遇到很多困难，这些是不可预知的，有时候一个人的性格会影响他做事的原则和成效，但这些你都得一一克服。生活中，也许你的意志总是被别人左右，觉得别人的话说得有理，那么，为什么不听听你自己内心深处的声音呢？当你打算放弃、信念动摇的时候，你可以告诉自己：不能逃避！只有穿过！有这个信念支撑你支持你，会使你更加强大，有时候你都没发现自己会有这么大的潜能，这就是自己超越自己的极限，也就是前边说的穿过！当一切都迎刃而解的时候，事情就不会像你以前想得那么难以实现、难以达到了。

那具体说来，如何让自己坚持这种信念呢？你可以每天对自己进行追踪。不要被生活中的各种不良因素诱惑，不要被每天的

新鲜事物吸引，否则会忘记一些旧事情，忘记原来旧的目标。

很简单，青春期的女孩，当你有了目标计划后，给自己准备一个备忘录，每天记录自己的改变情况，以及为实现目标所采取的行动：

1.提醒你要实现的目标，以及每天要采取的行动。

2.提供你每天详细的信息，了解你的现状。

3.能够真实地追踪你取得的进步。

4.有利于你自我评价的提升，树立自信，增强坚持下去的决心。

坚持到底，仿佛是一件很难的事，需要有顽强的毅力才能做到。这个追踪法能让你摆脱"三分钟热度"，这样，女孩就不必再为不会设定目标、不爱采取行动、不能坚持到底而烦恼了！

女孩做事要果断不要武断

小薇和婷婷都是班上的尖子生，但临近中考，在实力的比较上，老师比较看好小薇，因为她沉稳，无论遇到什么习题，都会反复推敲，从不武断地下结论。一次数学测验中，就体现了这一点。

那次，数学老师将试卷发下来后，婷婷先大致看了一下，然后就面露喜色，因为这些题目在她看来完全是将平时她自己做过的简单的习题再重新做一遍。这次测验，大部分的习题是三角形方面的，这刚好是婷婷拿手的那部分。

于是，不到半个小时，婷婷就将习题做完了，看着同桌小薇还在慢慢算，她暗笑起来，认为自己肯定是这次测验的第一名了。

做完习题以后，小薇还是按照往常自己做题的习惯，好好地检查了几遍，才把试卷交了上去。

第二天，试卷发下来了，数学老师念道："王婷婷，75！"婷婷一听，蒙了，怎么可能！老师加了一句："你下课后到我办公室来一下。"下课后，婷婷看到了老师课桌上的成绩排名表，第一名是小薇，满分；而自己，已经到二十名了。

"知道自己错在哪儿了吗？"老师问。

"不知道。"

"你看这些题，看上去都是做了一半。你应该考虑清楚，初三年级的数学试卷怎么会那么简单？你不把题看好，就急着下笔做，怎么能考好？你同桌就不是，她每个题目的过程都很清晰，你要向她学习。"婷婷觉得老师说得很对，回去后，她好好想了想，自己总是那样武断，必须改掉这一缺点。

青春期是个烦躁易动的年纪，做事冲动、武断是很多女孩共有的缺点，这也正是她们不成熟的地方。这种武断表现在很多地方，学习上、人际关系的处理上，甚至烦躁易怒，这些都是因为武断的缺点引起的。青春期的女孩要想改掉这一缺点，可以从以下几个方面努力：

1.做事情要先思考、后行动

要想把事情做到最好，你心中必须有一个很高的标准，不能是一般的标准。在决定事情之前，要进行周密的调查论证，广泛征求意见，尽量把可能发生的情况考虑进去，以尽可能避免出现1%的漏洞，直至达到预期效果。

比如，出门旅行，要先决定目的地与路线；上台演讲，应先准备讲稿。在做事之前，你可以经常问自己这样一些问题："为什么做？做这个吗？希望什么结果？最好怎样做？"并将具体回答写在纸上，使目的明确，言行、手段具体化。

2.做事情要有始有终

不焦躁、不虚浮，踏踏实实做每一件事，一次做不成的事情就一点一点分开做，积少成多、积沙成塔，累积到最后即可达到目标。

3.稳定情绪

用合理发泄、注意力转移、迁移环境等方法，把将要引发冲动的情绪宣泄和释放出来，保持情绪稳定，避免冲动。

4.要强化自我意识

遇事要沉着冷静，自己开动脑筋，排除外界干扰或暗示，学会自主决断。要彻底摆脱那种依赖别人的心理，克服自卑，培养自信心和独立性。

5.有针对性地"磨炼"

你可以采取一些措施，有针对性地"磨炼"自己的浮躁心理。如练习书法、学习绘画、弹琴、解乱绳结、下棋等，这些都有助于培养自己的耐心和韧性。

珍惜时间，培养良好的时间观念

"小欣，去做作业吧，你都看了半天电视了。"妈妈一边刷碗，一边叫正在看电视的小欣回房间做作业。

"等会儿，再看完这集，我就去。"

"你刚才就这么说，再不去，你今天的作业估计都做不完了。"

"哎呀，妈妈，你真啰唆。"

"过来一下，小欣，妈妈觉得有必要告诉你管理时间的重要性了。"

对于任何一个青春期女孩来说，时间都是尤为珍贵的。一寸光阴一寸金，寸金难买寸光阴，任何知识的获得，都要花费时间。考场上，差一分钟，你的成绩就差一个名次；随着时间的流逝，你告别了童年，多了一点烦恼……

因此，青春期的女孩，要正确地认识时间的作用，不要荒废了大好的青春期，要把时间观念当成追求成功成才路上必须培养的品质之一。良好的时间观念有助于女孩的健康成长。

守时、惜时的女孩，往往懂得学习时间的珍贵，学习效率会更高，会有竞争意识，因此，她们的心智的成熟程度较高，对外交往能力也强。那么，青春期的女孩应该怎么做呢？

1.珍惜时间，要有目标地学习

对"时间"懵懂不明的女孩，很少要求自己何时何地地完成什么，换言之，很少有主动的目标，因此学习成绩往往较差。对此，女孩最应该知晓的就是时间的重要性。古诗云："少年易老学难成，一寸光阴不可轻。未觉池塘春草梦，阶前梧叶已秋声。"你如果想在有生之年学有所成，就应该珍惜并科学地花费每一天的时间。

在学习上，你要学会为自己制订计划，在规定的时间内一定要达到目标。长此以往，就会有收获。

2.懂得休息

青春期的确应该努力学习科学文化知识，充实自己，而这就需要女孩懂得安排自己的休息。比如，你需要在疲劳之前休息片刻，这样，既避免了因过度疲劳导致的超时休息，又可使自己始终保持较好的学习状态，从而大大提高学习效率。另外，青春期是长身体的阶段，充足的睡眠尤为重要，打疲劳战往往会适得其反。

3.学会充分利用业余时间

很多青春期女孩喜欢把自己的业余时间放在听流行歌曲、玩游戏上，其实，这都是在浪费时间。同样是听歌，如果是听英文经典歌曲，不仅能培养自己的审美情趣，还能在无形中练就了自己良好的听力。另外，一些经典的电影也值得一看。在训练智力上，你可以学一学围棋，而不是打游戏，围棋是最能体现一个人智商的才艺。

4.遵守约定时间，做可信任的朋友

在与人交往的过程中，时间观念不明的女孩也会面临"信用缺失"的危机。久而久之，同学和朋友就会对动辄迟到、缺席的她有批评、有疏远，认为她讲话不算数、不守信用，这将严重阻碍女孩"外交活动"的正常进行。

5.巧妙利用零碎时间

其实，在学习和生活中，你可以巧妙利用你的零碎时间，做到小投资、大收益、现代社会是一个人人忙碌的社会，其实，很多时间都可以利用起来，如等车、打电话等。对于需要记忆大量学习内容的青春期女孩来说，应养成一些良好的习惯，很多时间正好拿来做一些重要的小事，如记忆，不但趣味横生，还能让女孩学会在轻松的环境下学习，以下是一些小建议：

（1）视听时：听演讲录音带、音乐CD或看书籍、专业杂志时，女孩要学会从这些书籍杂志中摄取一些信息，然后记住它，使之成为自己知识储备库中的一分子。但一定要注意，千万不要看那些八卦色情刊物，以免污染自己的心灵。

（2）休息：休息时的大脑是最轻松的，这时候，你可以回

顾自己大脑中已经储存的记忆片段，然后将其串联成一个个有趣的片段，而这些片段，正是加固记忆的重要方法。

（3）等车：青春期女孩可能每天得等公车，这段时间可能是最无聊的，这时候，你不妨拿起你的音乐播放器，享受一下里面的英文音乐，既打发了时间，享受了音乐的美妙，还能让你记住原本记不住的几个单词。

（4）打电话：毋庸置疑，电话永远是和数字分不开的，而数字最能激发人的记忆潜能。当你拨完电话以后，你可以问自己：我记住这一串数字了吗？长时间地锻炼自己，你可以发现，你对数字有了强烈的敏感度。

会利用时间的女孩每天心情开朗，有愉快的微笑，不会利用时间的女孩每天烦恼不断，每天愁眉苦脸、郁郁寡欢。珍惜时间，还要求女孩以现在为起点，过去的已经过去，注重现在，把握时间，努力完善自己、实现自己，你就能拥有无悔的人生！

谎言与诚信，你如何选择

周六一大早，晨晨就准备出门，刚好被在厨房做饭的妈妈看见了，妈妈便问："这么早出去玩啊？"

"是啊，小菊说她想买内衣，让我陪她，我们约好商场门口见。"晨晨说完就出门了。

上午，妈妈去买菜的时候，看见晨晨一个人在商场门口，便问："小菊没来吗？这都两个小时了，你还等啊？"

"我答应别人的，不能反悔。"

"好孩子，你是对的，但妈妈要告诉你，你的同学小菊这会儿应该在跟其他同学吃冷饮，那会儿妈妈看见了。"

"你的意思是她骗我？为什么要这样做呢，我一直把她当好朋友，我以后再也不相信她了……"晨晨差点气哭了。

"这倒不至于，孩子，这件事是小菊不对，但是你还是应该选择诚信……"

故事中的女孩晨晨是个守信的女孩，而小菊的做法明显不对。守信是中华民族的优良品德，更是做人的前提；而失信是不道德的行为。失信于朋友，无异于丢了西瓜捡芝麻，得不偿失，表面上是得到了"实惠"，实际上只会让人失去友谊。

守信，会使人对你产生敬意，也会使人愿意公平地与你合作。一个言而无信的人，是没有人愿意和他合作的。女孩们，要想学会与人合作，就要在现在的学习、生活中着手，把自己历练成为一个"言必行，行必果"的人，这样的女孩才能以迷人的性格形成一种人格魅力。

青春期的女孩们，培养迷人的性格，要从小事做起，将守信用、讲信义培养成一种习惯。守不守信用、讲不讲信义，是一个女孩同时也是一个人具不具备良好人品的表现，而它的

形成不是随随便便的，而是在生活实践中慢慢形成的。九层之台，起于累土。为此，一定要注意从小事做起，从一点一滴做起。你不妨从这些方面努力：

1.凡事诚实，不要敷衍任何人

要做一个诚实的人，因为只有诚实才能看清自己的未来，触摸到幸福的温馨。生活中，无论是对待老师，还是同学甚至是家长，都要做到诚实面对，凡事做到问心无愧。长此以往，你一定会成为一个正直的人。

2.一诺千金，不要为了面子轻易允诺他人

真诚是力量的一种象征，它显示着一个人的高度自重和内心的安全感与尊严感。守信更是一种具备荣誉感的表现，也就是说，不要轻易允诺别人，一旦允诺，就要尽力做到！的确是非人力之所能为的，就一定要放下面子，及时诚恳地向对方说明实际情况，请求谅解。

总之，青春期的女孩们，你要明白，一个杰出的、具备高素质和高能力的优秀女士，必须信守诺言。人在少年时要抓紧一切时间积累知识和财富，同样也要注重德行的修养。诚信是人生最大的美德，它像一根小小的火柴，燃亮一片星；像一片小小的绿叶，倾倒一个季节；像一朵小小的浪花，飞溅起整个海洋。

第九章

用阳光抵制"荧光"，青春期女孩学会健康上网

　　人类已经进入21世纪，信息技术日新月异，网络为我们的生活带来了很大的便捷，但也为很多成长中的孩子的身心发展带来不少困扰，其中也包括青春期的女孩。一些父母为了避免女儿受到网络的毒害，因噎废食，其实，这是不正确的，上网也没那么危险，对于青春期的女孩来说，网络是"大灰狼"还是"牧羊犬"，关键在于青春期女孩自己如何把握，是否能运用冷静而客观的态度面对网络。学会健康上网，不但可以掌握计算机和网络应用技能，还可以拓宽视野；但青春期的孩子好奇心强，渴望知识，面对游戏以及网上花花绿绿的虚拟世界，常缺乏冷静而客观的态度。对此，你可以请求父母为你监督和引导，从而让网络为你所用。

健康上网，别让网络害了你

孙女士是一家名企的老板，公司经营得有声有色，但家庭教育则是她的短板——她一直为女儿教育的问题烦恼。在朋友的推荐下，她找到了一位心理咨询师，希望这位老师能给她帮助。她是这样阐述自己的问题的：

"唐老师，您好，我是经朋友推荐知道您的，我听说您在教育孩子方面很有一套，您为很多家长解决了难题，很专业也很热心，我很感动，我们这些独生子女的父母真需要您这样的老师给我们指点迷津。

"我女儿今年15岁，正在读寄宿初中，今年三年级了。她以前并不是这样的，记得小学的时候，她的学习成绩一直是班上前几名呢，在初一上学期之前，她性格也很活泼，但初一下学期突然回家不爱说话了，迷上了上网，后来一放学就自己待在屋里，不管什么时候都要关上门，作业也不做。她现在整天不上课，不是上网吧就是在宿舍里睡觉，父母、老师的话都听不进去，上个学期考试好几门不及格。除了上网，她什么爱好也没有，我曾试着带她一起锻炼、郊游、摄影、逛书店，但她哪儿也不去，周末回家后就是睡觉。原来我们以为是青春期的

表现，但已经快三年了，也不见好转，我都急死了，我还希望她能考上一个好的高中呢！我也不知道怎样才能改变她，您能告诉我怎么办吗？"

现实生活中，可能不少女孩的父母都有案例中的孙女士的烦恼，网络是个大家关心的话题，孩子作为家庭的一员肯定要参加到这个问题里面来。尤其是进入青春期的孩子，他们在网上相当活跃。他们能在网上查询大量感兴趣的信息，喜欢浏览网页，并敢于向权威人士提问。除此之外，他们也开始进入聊天室，与其他人分享经验和兴趣。

网络的作用自不必说，主要是传播信息，学生还可以利用它交流心得、获得知识。但青春期的女孩，你们要明白，你们不能沉迷网络，沉迷网络对你们的身体、智力、心理方面都会产生消极的影响。

1.身体素质方面：那些经常沉迷于网络的女孩，运动场上没有了她们的身影，公园里没有了她们的身影，她们由于长期待在网吧，造成情绪低落、疲乏无力、食欲不振、焦躁不安、血压升高、植物神经功能紊乱、睡眠障碍等，缺少锻炼更是让她们身体素质变差。

2.心理素质方面：长期上网会导致女孩不愿与人交往，逐渐导致性格孤僻，也就是人们常说的"网络孤独症"。也有一些女孩，把所有的精神娱乐都放在网络上，并开始网恋，认识一些社会不良人士，并陷入这些情感纠葛中，严重的甚至出现精神障碍、自杀等情况。

3.智力素质方面：网络是多功能的，很多青春期女孩上网并不是为了学习，而是玩网络游戏和聊天，于是，逐渐地，她们会失去学习的兴趣，开始迷恋网络，她们正常的学习、生活秩序遭受破坏，学习时间无精打采，学习成绩下降，有的甚至厌学、逃学、辍学。

因此，青春期的女孩们一定要学会有规律、有目的地上网，学习才是青春期的主要任务，网络只是一个获得信息的渠道，不能沉迷于此。

为此，在网络使用上，你需要这样克制自己：

1.要严格控制自己的上网时间

长时间凝视电脑屏幕会导致视力下降，进而近视；显示器产生的电磁辐射也会直接侵害身体；大脑由于长时间处于紧张的工作状态，会变得麻木、混沌；颈椎、脊柱等部位会因弯曲、久坐不动而变形、疼痛。除此之外，还会对学习、生活产生不良影响。所以应做到自制，严格控制自己的上网时间，一般应控制在每天1小时为宜。

2.要随时注意自己上网的内容

网络上黄色、反动、黑客等站点会对自制能力较差的人产生误导作用，如果你自制力不足，可让家长在电脑上安装网络过滤软件，并请求父母监督，让他们帮你查看上网的历史记录及收藏信息，发现问题要及时采取对策。

3.要安全上网，不要透露个人信息

坚决不要把个人及家庭信息暴露在网络上，更不能将个人账号、生日、住址、学校等信息暴露出去。

4.多去上一些启发性强，有关自然科学、文化知识的网站，并学会查找一些有趣的信息。

青春期的女孩毕竟自制力有限，面对网络的各种诱惑，很多大人都难以抵制，更何况孩子们。对此，你最好请求家长的监督和引导，这样才能让网络成为你获取知识和信息的有用工具！

慎重对待网络朋友

李倩是一个比较内向的女孩，平时很少说话，但她有很多朋友，而这些朋友都是虚拟的，也就是一些网络朋友，除了"哥哥""姐姐"外，还有"男朋友"。和男生不一样，她上网不是玩游戏，她一般都是聊天，认识各种各样的人。别看她仅仅是个初二的学生，却是个地地道道的"网虫"。一般情况下，她都在网吧上网。

老师知道情况后，主动找到李倩谈心，对她说："家里没有电脑吗，你为什么要去网吧上网？"面对老师的发问，她不屑地说："虽然家里有电脑，但是爸妈管得紧，根本不让我和陌生人说话，有时候还会翻看我的聊天记录，一点自由也没有。"

当被问到通常在何时上网时，李倩说："我一般把中午饭钱省下来，周末的时候就会去网吧待一天，这样就可以见到我那些朋友了！"

有段时间，李倩特别开心，据她说，她马上就可以见到她那些朋友了，这事被老师知道后，老师很快就联系了家长。果然，经过他们调查，李倩这些所谓的朋友都在娱乐场所从事不正当职业。李倩的父母当时吓出一身冷汗，女儿差点被骗了。

后来，李倩痛苦地说："我原来是班里的前三名，自从迷上了网络交友后，现在却成了班里的倒数第三名，其中数学仅考27分，另外，还有4门功课不及格。网吧真是害死人！当然，我也知道沉迷于网络不好，影响学习和前途，可就是管不住自己，老是惦记着，这次还差点犯下大错。"老师听完她的讲述后，给她分析了网络的利弊，希望她以后多加注意，对待网络朋友一定要慎重。

随着计算机技术的发展，网络正以前所未有的强大力量冲击并影响着人们的生活，它在发展青少年智力的同时，也有其弊端——网络使人像吸海洛因一样成瘾中毒，给网迷特别是青少年网迷的身心健康发展带来较大危害。

的确，现代社会，网络可以让两个不认识的陌生人畅所欲言，但也带来了一些弊端，如网上"交友""聊天"乃至"网恋"越来越严重。很多社会不良人士以此为渠道，将魔手伸向

了青春期的女孩子。因为青春期女孩缺乏自我控制和自我保护能力。很多青春期女孩更是单纯地认为网络中有纯真的友谊和恋情，其实不尽然，当你对网络另外一头的朋友无比信任时，或许你正陷入危险之中。近年来，不法之徒利用网络对少女实施犯罪的案例不断出现，而少女因为迷恋网络而犯罪甚至丧命的悲剧也频频发生。

青春期女孩对待网络朋友一定要慎重，你可以问自己是否知道以下几条信息：

1.谈吐是否显示有素质？谈话可以看出一个人的修养。对于那些说话流里流气的人、毫无口德或者满嘴脏话的人要远离。

2.对方的资料是否较全？如果对方对自己的真实信息遮遮掩掩，你就要小心了，因为一个坦荡交友的人是不怕把自己真实的所在城市地址、年龄、职业写出来的。

3.是否有共同语言？这里的共同语言指的是，人生观、价值观等方面相同，而不是一些负面的思想。

4.交往持续多长时间了？时间是可以验证情感质量的。

当然，关键的是自己要始终清醒地对待网络朋友：

1.保持警惕心。不要轻易告诉对方自己真实住址、姓名、电话。除非交往时间很长、确认对方可以信任了。

2.最好能将网络与现实区分开，不要让网络影响现实。

3.尽量少跟已婚异性交往，对方是否已婚，一般可从谈吐中听出来。

4.尽量不要单独会见异性网友，尤其是在晚间，防止被骗。

5.对方要求视频时，尽量回绝。

青春期的你需要朋友，但交友渠道一定要正当，对待网络朋友，一定要慎重，要学会保护自己，不要上当受骗！

女孩别让自己成为网恋的牺牲品

很多青春期的女孩因为紧张的学习把自己压得喘不过气来，于是，在偶然中接触到了网络爱情后，便沉迷于此。因为，和网络中的对方交谈时，能暂时忘却学习和生活中的烦恼，尽情地吐露自己的不快。那么，网络爱情现实吗？

在如今的高科技时代，网络成为许多人生活中不可缺少的一个重要部分，甚至网恋也在逐渐蔓延，虚幻的情感使得许多女孩为之神魂颠倒。也许正是因为这是一种虚幻的美丽，所以给了大家一个想象的空间，也给了网恋一个极大的市场。但毕竟网恋有的只是情感上精神上的沟通，真正现实中的许多问题在网络上根本无法体现出来，这并不完全可靠，网络的虚拟与现实中的真正接触还存在着一定的差距。即使网络上有爱，也必须转移到现实中才能得到发展，否则不过是空中楼阁、海市蜃楼，水中月镜中花，太虚幻、太难以实现了。青春期衔接着女孩的童年和青年，是人生的岔路口，是长身体、学知识、立

志向的重要时期，失败的网恋，会让女孩有一种说不出的痛，因此，青春期女孩一定要提高警惕，不要让自己成为网恋的牺牲品。

的确，关于网恋的话题实在太多，其是否现实也是相对于其对象和群体而言的，不同的人对它的看法也是不同的。有人避而远之，唯恐不小心掉进网恋的陷阱让自己受到伤害；也有人觉得无所谓，认为如果遇到自己喜欢的人，在网上来场精神恋爱也不错；还有人认为网恋虽然美丽浪漫，却总是太虚无，美丽过后太痛苦，想尝试却又害怕，于是多了一份暧昧的感觉。

诚然，因为网恋成功地登入幸福婚姻殿堂的女性大有人在，但是，我们可以发现，这些女性基本上是成年女性，而不是处于青春期的女孩，青春期的女孩，对社会没有全面深入的认知，看不清网络世界中很多人都戴着虚假的面具，很少在别人面前流露自己的真情实感与内心想法。青春期的女孩在网络世界中，对着电脑，的确少了许多的压力，单纯的你们可以抛开所有的伪装，在网络中用坦然的文字与人进行交流，在情感的世界中毫无保留地释放着自己的心情，可是你能保证对方也是以这样的心情跟你交流吗？

网恋的美丽浪漫，让上网的人拥有了一份虚拟空间的网络情缘，但网恋的诱人与独特，也可能是一个致命的陷阱。所以，青春期的女孩还是正确对待网恋，不奢望，不轻易释放内

心的情感，也许才是最好的结局。网上闲逛，可以浏览一些对自己有益的知识，也可以和自己投缘的朋友倾诉自己的情感，但要保留界限，不要让自己深入网恋之中。

精神富足的女孩远离网络危害

对于青春期的女孩来说，想要远离网络危害，就要学会充盈自己的精神世界，多学知识，这样才能成为更自信、更坚强、更聪明、更优秀、更健康的女孩，才能彻底改变以往不良行为和习惯，从而树立正确的世界观、人生观。

具体来说，可以这样做：

1.多读书，爱上阅读

书是人类进步的阶梯，这个道理每个青春期的女孩都懂，可是课业的繁重，加上来自学习上的压力，让她们除了了解课本上的一些知识外，很少有机会接触到她们感兴趣的其他书籍，错过了猎取知识的机会。这就需要你有意识地合理安排时间并掌握一些阅读技巧，这样可以让学习紧张的你有的放矢地阅读，丰富阅读视野。

2.多出去走走

有人说，读万卷书，不如走万里路。其实，哪一样都很重要。读书是一个持续的过程，而女孩小的时候常常走出去欣赏大

自然、了解民俗风情以及认识另一环境里的人民的生活状态，都会对女孩未来的生活和职业选择产生影响。

3.努力学习科学文化知识

学习始终是女孩作为一个学生的首要任务，女孩子如果想要进步，想要紧跟时代的步伐，想要超凡脱俗，就必须努力学习。不过，女孩子的大脑不同于男孩子，女孩子对于学习的适应性也不同于男孩子。研究表明，女孩子更擅长有时限规定的任务，她们喜欢用感性来理解所学习的知识，对此，女孩要有清醒的认识，以此来锻炼自己的自主学习能力。

4.丰富课余生活

女孩细腻、心灵手巧，因此，女孩可以根据自己的特性培养一个自己的爱好，比如，培养自己的鉴赏能力，听名家的琴曲，这样，虽说不能像古代小姐那样"琴棋书画"面面俱到，但对于自己的性格修养、丰富自己的精神世界和良好的心态都是有益的。

5.了解到现代网络的利与弊

网络并不是洪水猛兽，女孩在学习和生活中的很多问题可以借助网络来获得答案，因此，没必要将自己与网络隔离开，但同时也知道网络的弊端，要提升自己对网络的自控力，这才是抵制网络"荧光"的最好方法。

成长期的女孩，正处于人生观和价值观的形成期，好奇心强、自制力弱，极易受到异化思想的冲击。网络既是一个信息的宝库，也是一个信息的垃圾场，各种信息混杂，包罗万象，某些新奇、叛逆而又有趣味性的信息，对女孩的成长极其有害。每个女孩都要有一定的自制力，并丰富自己的精神世界，要懂得沉迷网络的危害，这样你自然就能远离网络带来的弊端，健康向上地成长！

第十章

健康社交，青春期女孩如何保护自己

我们都知道，对于女孩来说，青春期是花一样的年纪，青春期是阳光的、美好的，但也是危险的。这个年纪的女孩自我意识逐渐建立，却缺乏一定的自我保护能力，缺乏一定的自制力，容易被外界的不良环境影响，一些女孩甚至会参与赌博、吸毒等活动。每个女孩都要知道，一旦染上这些恶习，青春就会失色，人生也会暗淡。因此，青春期女孩，在面临一些不良诱惑时，一定要学会把持住自己；不涉足那些禁区，爱惜自己，这样，青春期乃至整个人生才会健康向上！

女孩有了心事这样说出口

小凤的妈妈一次在和邻居谈到关于女儿的教育时叹着气说："孩子大了最让家长操心，小时候就算打她一顿也一会儿就没事了，现在说她几句就和你赌气几天。我都不知道我女儿具体是什么时候突然变得古怪了，平时稍微说点什么吧，她还顶撞，甚至直接不理睬你。小时候叽叽喳喳地说个没完，现在长大了却是难得听她说点关于学习和生活上的事。我们做家长的试图跟她讨论了解点什么吧，她就牛头不对马嘴地敷衍几句。她对她最好的几个朋友也不像以前那么热情友好了。放学回家就把自己反锁在房间里听音乐，一待就是几个小时。问她为什么总是沉默不语地不理会人，她就没好气地回答：'我想安静，沉默说明我在思考问题，我已经长大了需要把很多事情考虑清楚。'哎，小凤今年才14岁，根本就是小孩子。我真不知道这孩子怎么了。"

邻居说："估计是有心事吧，她们这个年纪都开始有自己的心事了，一般还不跟父母说。我们家女儿还好，不过最近也开始有脾气了，感觉也有什么心事，不过，一般情况下，她都会和我说的。"

"是啊，我也希望小凤能敞开心扉，跟我们把心里的事情说说，憋在心里会憋出病来的。可是，我和孩子真的有代沟了，她根本不听我的话。"

青春期是变化的时期，处于这个阶段的女孩子，要开始结束童年的生活而过渡到成年人。过渡期的女孩子，除了每天紧张地学习外，还会面临很多成长的烦恼，这些都给她们的身心造成极大负担。因此，这个时期的女孩开始变得不再依赖父母和老师，而变得心事重重，即使无法解决的问题，也自己闷在心里。其实，有心事闷在心里对于身心发展都是不利的，善于与周围的人沟通，这才是解决心事的正确方法。

有些青春期的女孩子，喜欢把什么都挂在脸上，情绪变化快，刚才还阳光灿烂，一会儿就"晴转多云"，甚至"电闪雷鸣、暴雨倾盆"了。情绪的强烈和不稳定实际上对于成长期的女孩来说是好事。如果女孩闷闷不乐，把心事闷在心里，反倒对女孩成长不利。

因此，当你有心事时，要学会和别人分享，不要自己硬扛，缺少有效的沟通，会造成很多心理压力和心理疾病，如抑郁、焦虑、强迫等。这些心灵的创伤很大一部分就源于不能释放自己的情绪，当内心的情绪被锁定而无法释放时，生命的动力、创造力、智慧、人际关系都将被压抑在其中。

生活中，很多女孩出了学校回到家中，大门一锁，远比旧社会的千金小姐更"与外界隔绝"，只愿意通过网络与外界联系，似乎只有在网络里才可以找到听懂她的话、了解她的人，这也导致许多女孩在家中无法上网就钻进网吧。她们通过错误的方式发泄自己的情绪，有的通过身体，有的通过沉默，有的通过幻想，这也造成了诸如多动症、抑郁症、迷恋网吧等问题，更有甚者通过打架、行凶、吸毒来释放。其实这一切的表现都来自于人需要释放的本能。一些女孩一生起气来就不能控制自己，做了过火的事情后又有了天大的悔恨，然后又寻求其他方式发泄自己的内心感受，如此循环，却始终找不到排泄内心能量的出口。

其实，当你有了心事时，最需要的是有效的沟通，也就是我们常说的要说出来，没有什么解决不了的事情，没有什么大不了的问题，有时候，可能在你以为无法解开的心结，你的倾听者的一句话就会让你茅塞顿开。通常情况下，你的心事可以和父母、老师以及关系较好的朋友沟通。

1.父母是你永远的依靠。现代家庭中，很多女孩和父母之间有代沟，这不仅因为父母工作忙、没时间，也和女孩的拒绝沟通有关。在家庭生活中，很多女孩都有过这样的体验：很多事情选择独自承受，不愿意和父母分享。当你们有话不能讲、不愿讲时，距离就产生了，这是人为制造出来的距离。换个角度，如果有一天你的孩子有话不愿意对你说，你的感觉又如何呢？

其实，父母毕竟是过来人，人生阅历比你深，你遇到的一

些心事，也许父母能教你解决的方法，敞开心扉交谈，远比你一个人闷在心里好得多。

2.老师也是你的朋友。事实上，你的心事只不过是老师遇到的一个个案而已，他能为你提供最好的解决办法。

3.当你无法和师长沟通时，或许同龄人可以理解你，因为他可能也会有同样的体会。

总之，青春期女孩，你要有一定的承受能力，别让心事压垮自己，学会倾诉，学会沟通，心事才会随风而去，你才会快乐。

保护自己，别压抑心情

小妃马上要升入初三了，因此，学习压力比以前大多了。她开始不那么贪玩了，也不看电视剧了，一有时间，她就钻进了自己的房间学习，因为有做不完的习题和看不完的书，离期末考试的时间也一步步近了。紧张的临战气氛和学习压力，让小妃觉得喘不过气来，她感觉自己的神经绷得很紧，似乎再紧一点就断了。

可就在这个时候，小妃还和一个同学发生了矛盾，以致她这几天愁眉苦脸的，回家也不和父母说话。

小妃爸爸是个细心的人，他看出女儿最近的变化，便打算帮助女儿释放一下心里的不快。在一个周末，还和以前一样，父女俩又来到公园跑步，累了休息的时候，爸爸对小妃说："能跟爸爸说说你最近怎么了吗？"

"我们班那个同学，竟然在我背后说我坏话，说得很难听，我又没有对不起她。有一天，我去卫生间，结果她正和几个女生在里面嘀咕，恰好都被我听到了，我就跟她吵了一架，我实在忍无可忍了。"

"那的确是她不对，但小妃，你想想，你这样一天闷闷不乐的，不仅影响学习，对自己身体也不好啊！不妨发泄一下，然后和那个同学谈谈，只要她承认自己不对，你们还是朋友。"

"那怎么发泄呢？"

"当人际交往中遇到不顺的事时，你应该暂时停止学习，因为这时候学习是没有效率的，心事还会郁结。不妨放松一下。有一些小窍门会起到立竿见影的效果，如深呼吸、绷紧肌肉然后放松、回忆美好的经历、想象大自然美景等，还可以去上网、爬山、聊天、听广播、看电视甚至蒙头大睡。这样既可以暂时转移注意力，也可以缓解大脑的缺氧状态，提高记忆力。这些方法都可以释放内心的不快。事实上，没有一个人是绝对受欢迎的，你不必太在意的。"

"谢谢爸爸，我知道该怎么做了。"

果然，小妃又和以前一样，脸上总挂着笑脸，学习也有劲儿了。

　　青春期女孩在身体的发育和心理的逐渐成熟过程中，在与周围的人相处、交往的过程中，难免发生一些不快，产生一些不良情绪。这些不良情绪，一定要找一个发泄的出口，否则，很容易影响身心健康。

　　青春期女孩，如果你对什么人、什么事不满，感到不公或者委屈，你不必怒气冲冲地找对方寻求解决之道，而应该学会心平气和地面对，因为，若过于情绪化，你作出的决定和想出的解决方法往往也是不理智的，也会影响彼此之间的关系，只有冷静下来，才能避免很多不必要的问题。

　　青春期女孩，当你和同学或者朋友产生矛盾、心情压抑的时候，不妨找个倾诉的对象，不要压抑自己，否则，时间一长，就会带来身心上的伤害。尤其是那些不善于调节自己情绪的人，他们往往比较内向，经常被一些问题困扰，甚至钻牛角尖，其实，也许这些问题在别人看来根本不是什么严重的事，而这就需要别人的指点，毕竟不同的人对待不同的事情的看法是不同的，对亲近、信任的人一吐为快后，可能你就会茅塞顿开、豁然开朗。还有一些事情，对于你来说，是耿耿于怀、难以平复的事，而在别人却完全不了解，未曾体会。于是有些人以为，对于这种情况，没必要对人吐露心声，实际上则不然，因为即使对方不理解，只要你倒出了自己的苦恼，你就会感到舒服和轻松。当然，别人的理解、关怀、同情和鼓励，对你来说是心理上的极大安慰，尤其是遇到人生的不幸或严重的疾病时，更需要别人的开导和安慰。

另外，心情不快的时候，也可以投身大自然中，怡情自然，从而忘掉烦恼。

大自然的景色，能开阔胸怀，愉悦身心，陶冶情操。当你融入大自然后，你会发现自然的雄伟，一切不愉快在自然面前都显得渺小，你的心情自然会好很多。到大自然中去走一走，对于调节人的心理活动有很好的效果。

所以，青春期女孩，当你心情不好、无人倾诉的时候，不妨多接触自然，走出家门，到环境优美、空气宜人的花园、郊外、甚至是农村的田园小路上去走一走，舒缓一下心绪，去除一些烦恼，不要一个人关在屋子里生闷气。

青春期的女孩们，无论身心，都在走向成熟。与人交往的过程中，要学会保护自己，不要让自己被那些不快的事压抑心情，应该找个恰当的方法宣泄，而不是依然幼稚地拒绝交流、拒绝沟通、拒绝师长的帮助，与他们对抗着，难道就是真的长大了吗？成熟的标志之一是：懂得用正确的方法处理自己的问题。希望你可以学会如何处理自己的情绪问题，成长是一个漫长的过程，且需要自己面对。

拒绝黄色诱惑

某中学举办了一次"抵制黄、赌、毒"的讲座，会上，老师讲了这样一个真实的故事：

"有个初一的学生叫小琴，是本市某中学的学生。她原本聪明伶俐、品学兼优，被很多大人称为'才女'。去年，她曾荣获省中小学生计算机网络知识竞赛一等奖。自从迷上网络后，每天一放学，她就往网吧里钻，双休日更是无所顾忌，全天泡在网吧，有时还和同学们在网吧里'包夜'，十分痴迷。学习时，黑板上的字、课本上的练习，在她的眼里全变得毫无兴趣。后来，她的父母发现，她每天在网上和一些成人玩网络黄色游戏。有时候，她还主动地去购买一些黄色的书籍，甚至传阅给周围的同学，为此，学校警告了她很多次，但不起作用，在家长同意后，小琴只好办了退学手续。"

当今社会，在商品经济大潮的冲击下，人们的经商意识、价值观念甚至道德感、责任意识都在发生重大变化。有那么一些人，利令智昏、唯利是图，不顾结果、只顾营利，大肆销售低级趣味甚至黄色的书刊、磁带、影碟；有的拍摄放映黄色影视作品；就连一些主题内涵比较深刻的影视片也要安排一些涂脂抹粉、搔首弄姿的性感美女招摇过市或穿插一些床上镜头。而这些黄色信息不知不觉就流进了纯净的青春期女孩的生活中。

女孩长到十几岁，进入青春期，就会产生性的萌动，会对性知识产生强烈的好奇。很多女孩在这种情况下，往往不知所措，既充满好奇又缺乏自制力，稍不注意就被黄毒危害。因此，青春期女孩要学会正确分析黄流的危害，把握好自己，以顺利度过"暴风骤雨"般的青春期。那么，青春期的女孩该怎样抵制黄色诱惑呢？

1.在黄色诱惑来临时，多考虑后果

做任何一件事，都会有其直接和间接的后果，同样，对于同一件，做与不做也会有不同的结果。青春期的女孩，无论遇到什么事，在无法作决定的时候，都要经过深思熟虑，从多个方面考虑，学会运用后果联想法。对于黄色诱惑，你可以想象一下，如果你不能拒绝，成绩下降，就会辜负老师和家长的期望，考不上理想的大学，影响自己的发展，甚至断送自己美好的前途，将与美好的未来失之交臂；而如果你能克制住自己，通过自己的努力学习，考上比较理想的大学，毕业后从事自己感兴趣的工作，便能过上幸福、愉快的生活。这样想，你就能作出明智的决定了。

2.寻求帮助

青春期女孩毕竟社会阅历浅、人生经验浅薄，对待诱惑没有自制力或者自制力低，单个人一般很难控制自己面对诱惑不为所动。在这种情况下，女孩可以请求别人，如父母、老师、同学和朋友的帮助和监督，慢慢地，你就能坚定自己拒绝和抵

制黄色诱惑的决心，增强自己拒绝和抵制黄色诱惑的毅力。

3.远离黄色诱惑源头

最好把引起诱惑的实物隐藏起来，如黄色书刊、黄色硬盘等，眼不见心不动。女孩在日常生活中，要多参加积极健康的班集体活动，多与同学交流谈心，避开黄色话题，这也是让自己身心健康发展的重要方法。

4.从正面渠道接受性知识

青春期女孩如对某种知识感到好奇，最好的方式莫过于在课堂上聆听老师的教导，破除羞怯，树立正确的性观念，了解健康的性行为，合理地处理与性有关的事物、信息以及伴随出现的性问题，这些才是抵抗不良性刺激和性诱惑的有效武器。如这种知识没有正面地学习到，年少轻狂的因子将带领女孩们开始寻求心中疑惑的答案，可是自律是最不可靠的约束，一旦女孩们在对未知世界的探索之路上稍有偏差，恐怕就会"一失足成千古恨"了！

青春期，女孩的世界是丰富多彩的，生活是复杂多样的，欲望是多种多样的，每个人在人生之路上都会有许许多多的十字路口，都会遇到许许多多的选择，都会面对人生的种种诱惑，关键是看你会不会拒绝。

因此，每个青春期女孩都要保持清醒的头脑，在那些诱惑面前，要懂得拒绝和抵制。对于性知识，你应该正视它、面对它、接纳它，应该和父母进行沟通，而不能采用逃避的方式。

拒绝黄色诱惑，才能净化心灵，拥有一个健康的青春期！

绝不参与赌博

有一天，学校给各个班级发了一本宣传册，宣传册上有这样一条内容：

有一位叫娜娜的初二女生，从小父母娇惯，上了中学后经常赌博，一共欠了3000元赌债，对没有经济收入的初中生来说，根本无力偿还这笔不小的赌债，而且，她根本不敢把这件事情告诉父母。债主却接连不断地逼她还债，有一次，债主见她还不能还债，就举着刀来威胁她，向娜娜下了最后通牒，某日之前必须还清，否则要找人打她，她只好答应回家找父母要，可是她还是不敢。于是她铤而走险，在限期前一天的下午，来到舅妈家中，想用刀威胁舅妈拿出钱来，她用电工刀刺向毫无防备的舅妈，又杀气腾腾地刺向年仅3岁的表妹，由于她舅妈拼命呼救，娜娜仓皇逃走。十余天后，娜娜被警察抓获。没有人相信，这个漂亮的小姑娘竟是因为赌博而伤害自己亲人的凶手。

这一悲剧，告诉青春期的女孩，一定要远离赌博，赌博轻则危害身心健康，重则导致犯罪甚至丧失生命，是各种祸事的根源。

赌博是一种以一定的钱财作为赌注而进行的不正当的娱乐活动。赌博具有严重的社会危害性：一是败坏社会风气；二是影响生产、生活、学习，造成家庭不和，甚至令人倾家荡产、妻离子散；三是诱发各种违法犯罪，危害社会治安。赌博对青少年的身心健康具有严重的危害：一是严重影响学习，妨碍休息，损害健康；二是严重影响人际关系，赌得夜不归宿，无心与家长、老师、同学、朋友交往；三是容易诱发各种违法犯罪，危害社会治安。

赌博对青春期女孩身心的健康成长构成严重威胁：

1.腐蚀女孩纯洁的心灵

赌博涉及的一般是金钱和物质，因此，赌博易使女孩生贪欲，久而久之会使她们的人生观、价值观发生扭曲，在那些赌博成性的女孩眼里，她们会把人与人之间的关系看成赤裸裸的金钱关系，逐渐成为自私自利、注重金钱、见利忘义的人，其道德品质也会下降，社会责任感、耻辱感、自尊心都会受到严重削弱，更严重的还会导致违法犯罪。现实生活中，有许多因为青少年赌博引起的暴力犯罪。

2.学生赌博，一般都会赌博成性，不仅浪费金钱，还影响学习，甚至导致成绩落后、留级、退学。

3.对身体健康成长不利

虽然青春期有些烦恼，但主旋律还是无忧无虑的、快乐的，而那些参与赌博的女孩，会过早地涉足金钱，为此，她们需要付出大量的时间来全力以赴，精神高度紧张，精力消耗大。经常参与赌博活动会诱发严重的失眠、神经衰弱、记忆力下降等症状。

4.赌博容易令青少年上瘾，而且，这种恶习很难改，其长大后甚至可能成为赌棍或职业赌徒；同时，赌博还会和一些其他陋习紧密相连，如吸烟、饮酒、偷窃、说谎、打架等坏行为。因此，赌博对中学生是有百害无一利的。

抵制和拒绝参与赌博，必须做到如下几点：

1.自觉遵守学校校纪校规，严格要求自己，防微杜渐。

2.远离赌博现场。一些人因为不好推托朋友、同学的邀请而参与赌博，这往往也是陷入赌博泥潭的原因之一。因此，青春期女孩遇到他人相邀时，要设法推托。

3.和赌博划清界限，绝不尝试赌博。很多赌博成瘾的人都是从"消遣""来点刺激"等开始的，久而久之，胆子也壮了，胃口也大了，以致陷入赌博的泥潭。

4.从认知上告诫自己，远离赌博。事实证明，很多陋习甚至违法犯罪的产生，都是由于好奇和无聊引起的，青春期女孩要从正规渠道了解赌博知识，了解赌博的现状以及危害，培养高尚的情操，多参加健康积极的文体活动，充实自己的业余活动，别因无聊而尝试赌博。

5.要有责任意识，杜绝周围的赌博现象。制止他人参与赌博，反对和制止校园赌博，必要时要向老师或学校有关部

门报告。

青春期女孩一旦赌博，就为犯罪埋下了一颗不定时炸弹，轻则违反校纪校规，重则触犯法律，对自己、对他人、对家庭、对社会都将造成严重的危害。远离赌博，就远离了犯罪的一个重要诱发因素，才能拥有健康的青春！

每个青春期女孩都要树立起防范意识，让自己远离赌博场所，只有从认知上杜绝，才能从根本上杜绝赌博。同时，女孩也要劝诫周围的同学不要参与赌博，这样，大家才能在一个干干净净的氛围中学习、成长！

坚决远离毒品

这天，报纸上登了一条新闻——一个16岁的女孩的吸毒经历，那条新闻是这样的：

16岁的女孩黄某虽然从小爱玩好动，但学习成绩还算不错。一次，在游戏机房里，她在男友的带领下，认识了一群稍长几岁的"哥们儿"。他们掏出一种白色粉末，围坐在那里吸，一副"飘飘欲仙"的样子，一下子就引起了黄某的好奇。当"哥们儿"怂恿她尝一口时，她毫不犹豫地伸出了手。有了第一次，就有了第二次、第三次。后来，为了弄钱吸毒，她开始学会说谎，学也没心思上了，甚至骗起低年级同学的钱。而最终，黄某被带到了劳教所。

毒品是人类健康乃至幸福的杀手，一旦染上毒品，就意味着步入毁灭、滑向无底深渊，吸毒是通向地狱的绝望之路，毒品不知摧残了多少人的健康。很多年轻人因为吸毒百病丛生。毒品危害如此之烈，为什么青少年还会吸食呢？青少年吸毒的原因是复杂的、多种多样的，有社会的原因、自身的原因，也有生理的、心理的等诸多原因。其中一个不可忽视的原因就是诱惑。

青少年身心发育尚未成熟，世界观、人生观尚未形成，思想幼稚，好奇是此年龄段的特有心理，他们对任何事物都存在强烈的好奇心和探索欲望。但是，他们往往缺乏必要的科学文化知识和辨别是非的能力，当听说吸毒后"其乐无穷"时便想试一试，乃至一发不可收拾，被毒魔死死缠住不能自拔。这就是好奇心惹的祸。

青少年吸毒主要是由于自身意志力薄弱，抵制不了毒品的诱惑以及"试试看"的心理。青春期女孩要引以为戒，从自身做起，主动远离毒品，不和社会上的无业人士打交道，不去酒吧、夜总会等危险场所，不接触有过吸毒经历或者和毒品有接触的人，不要因为一时冲动或为了报复父母就尝试毒品，总之，不给毒品任何侵害自己的机会。要从以下几个方面努力：

1.坚决不抽第一根烟

要拒绝毒品，首先要拒绝抽烟。因为吸烟和毒品往往只有

一步之遥，很多青少年被毒品毒害，就是因为无法拒绝别人递来的烟。因此，青春期女孩，要做个健康的女孩，首先不要和烟草沾上边。

2.别因挫折而吸毒。

处于青春期的女孩们，情绪变化快，遇到挫折自我调节能力差，常因此意志消沉、一蹶不振，这成为很多毒贩子下手的突破口。为此，青春期的女孩们，即使遇到挫折也坚决不能当毒品的"俘虏"，千万不能"借毒消愁"。当你遇到挫折的时候，不要忘记，还有父母、老师、朋友，他们都是你倾诉的对象，可能当你听完他们的建议后，会豁然开朗，因此，凡事不要闷在心里、独自扛着，更不要"借毒解痛""借毒消愁"。

3.学习禁毒知识，做到"四个牢记"

一要牢记什么是毒品；二要牢记吸毒极易成瘾，并极难戒断；三要牢记毒品害己、害人、害家、害国；四要牢记吸毒是违法，贩毒是犯罪。

4.决不尝试第一次

有些人以为，毒品没什么大不了的，出于好奇心，他们以身试毒，结果一发不可收拾，最后被毒品吞噬。事实证明，很多人吸食毒品都是好奇心的结果。而毒品是幸福生活的杀手，一旦尝试，就会陷入痛苦的深渊，再有意志力的人，在尝试第一口后，也会无法自拔。因此，青春期女孩，只有坚决与毒品隔绝，才能避免毒品的侵害。

因此，青春期女孩要提高自己的自控能力，千万不要去尝试吸毒的滋味。千万不要相信"吸一口没事""吸一次不会上瘾"，要记住"吸了第一口，就没有最后一口"；千万不要相信"我吸了不会上瘾，我吸了能够戒掉"，要记住"吸毒犹如打开地狱之门"，任何人踏进去，都如同坠入灾难的深渊。为了终生远离毒品，不论出于什么动机，不论出现什么情况，我们都要坚定地把握住自己，永远不要去尝试第一口。

5.学会拒绝吸毒的方法

要懂得分辨善恶，遇坏朋友引诱时，抱定永不吸毒的信念，坚决拒绝。遇吸毒人员迅速离开，并及时向公安机关报告，坚决不与之交往。

6.远离不健康的娱乐场所

当今社会，娱乐场所也经常出现一些青少年的身影，让人忧心忡忡，事实上，这些场所中，黄、赌、毒等不良行为甚至违法犯罪活动猖獗，一旦走进去就有可能身不由己、陷入深渊。因此，要想洁身自好，当你想去娱乐场所放松身心的时候，就一定要有所选择。

每个青春期女孩都要认识到毒品的危害，树立正确的人生观、世界观，以乐观积极的生活态度迎接挑战，对于社会上那些不良人士，不要接触，也不要去那些危险的场所，要做到热爱生命，坚决远离毒品！

参考文献

[1]子晨.致青春期女孩[M].北京：北京理工大学出版社，2016.

[2]沧浪.女孩成长记[M].北京：中国妇女出版社，2016.

[3]沧浪.成长的秘密：青春期女孩心理成长手册[M].北京：中国妇女出版社，2016.

[4]章程.读懂青春期女孩[M].北京：化学工业出版社，2015.